내 인생의 꼭짓점들을 읊다

내 인생의
꼭짓점들을
읊다

정용섭 수필집

● 작가의 말

젊은 시절에 꿈꾸었던 문학에 대한 열정을 인생의 끝자락에서 다시 불을 지펴 활활 태운다는 것이 그리 쉽지만은 않다는 생각이 듭니다. 그런데도 수필이라는 장르를 통해 삶의 철학적 재해석과 교훈을 도출한다는 측면에서는 오히려 좋은 일감을 얻었음을 실감합니다. 이는 우리와 같은 시대에 살아왔던 사람들은 너나 할 것 없이 엄청난 갈등의 소용돌이 속에서 수많은 변곡점을 두루 거쳐와서 후세에 전하고 싶은 이야기가 너무 많기 때문이기도 합니다.

이번 첫 수필집은 그동안 살아오면서 제 인생의 '맨 꼭대기를 이루는 점' 즉 정점이라고 기억되는 벅차고 찬란하면서도 애통했던 추억들을 모아 자서전적인 의미를 담아 놓은 이야기 책입니다. 물론 시간이 날 때마다 오늘보다 더 나은 내일을 위한 소망을 안고 차분한 마음으로 숨김없이 써 내려간 이야기들도 있지만 주로 등단 이후 지난 1년 동안 수필집 발간을 염두에 두고 지난날을 회상하면서 펼쳐낸 내용들이 주류를 이루고 있습니다.

시대적으로는 먼저 오늘까지도 가슴이 시려오는 유년 시절의 이야기부터 시작하여 꿈 많던 중·고등학교 학창 시절의 에피소드, 전후방 각지에서 지휘관 및 참모 생활을 하면서 겪은 병영 및 야전

생활 경험담과 국내외 교육기관 교육생 시절의 잊지 못할 환희의 순간들, 주로 교직에 몸담고 있으면서 학생들에게 충심으로 전하고 싶었던 메시지, 그리고 퇴임 이후 자연과 더불어 살고 있는 전원생활에 대한 소회 등으로 구성되어 있습니다.

저에게는 옥동자와 같은 『내 인생의 꼭짓점들을 읊다』를 세상에 내어놓기까지 아낌없는 도움과 안내를 해주신 소설가 김용원 선생님을 비롯한 문화 아카데미 회원 여러분과 월간 『문학세계』 김천우 이사장님과 임직원 여러분 그리고 홍천군 문화재단과 임직원 여러분에게 진심으로 감사의 말씀을 드립니다. 아울러 옆에서 묵묵히 응원해 준 가족들과 친지들께도 고마움을 전합니다.

여러분 모두의 건강과 가정의 화평을 기원합니다. 사랑합니다!

2025. 09. 10
華田山房에서 仁洪 정용섭

● 축하의 글

# 참 군인의 길과 '귀거래사'는
# 감동을 넘어선 인생 드라마

시인 · 수필가 박 철 언
(변호사, 법학박사, 전)교수, 3선 국회위원, 장관)

  우선 정용섭 장군의 자전적 한평생을 기록한 수필집 『내 인생의 꼭짓점들을 읊다』의 출간을 진심으로 축하한다.
  정 장군이 군문(軍門)에 투신하여 사령관에 이르기까지 그 힘든 길을 걸어오면서도 문학의 꿈을 잃지 않고 살아온 청신함이 무엇보다 놀랍다.
  우리는 이 한 권의 수필집을 통하여 참 군인의 생애를 들여다보며 저마다 생의 행로를 되돌아보는 자신을 발견하게 될 것이다. 정용섭 장군의 생애 마디마디의 이야기는 철저한 기록과 섬세한 필치의 조화 위에 전개되어, 한번 손에 잡으면 놓을 수가 없어 마지막 장까지 단숨에 넘기게 된다.

  총 5부로 나뉜 장마다, 정 장군의 생애 단계가 흡사 계급 질서처럼 질서정연하다. 지금은 소양호의 물속에 잠겨버린 유년의 시골에서부터 춘천에서의 학창 시절은 꿈을 키우는 시간이자 '문학소년'의 기운을 키운 시기였다. 다이아몬드에서 무궁화를 거쳐 별이 되는 군인 장교의 길은 계단 마디마다 피와 땀이 우국충정의 시간으로 배어 있다.

  그저 단순한 야전 군인의 시간을 넘어 군사 전략가로서 지모와 활약은 다른 군인에게도 본받고 싶은 이력이 되기에 충분하다. 아날로그에서 디지털로 변화되는 시대를 지나온 정 장군은 이미 일찍이 교육의 중요성에 눈을 떠, 본인이 배움의 시간표를 군문의 격무 속에서도 촘촘히 짰다.

  인도 국방대학원을 일부러 선택해서 군인으로서의 시야와 지평을 넓히고, 발표 하나하나에도 국위선양과 대한민국 대령으로서의 호연지기를 보이기 위한 노력은 감동이 아닐 수 없다.

  서울 합동참모본부와 수도권 부대 등에서의 연속되는 긴장 근무 체계 아래서도 백양로와 삼청동을 오르내리며 박사학위를 기어이 따낸 학구열을 감당하기에는 고위급 장교로서 초인적 힘이 필요했을 것이 틀림없다. 중요하지 않은 군사 분야가 없지만, 장군에 진급하여 정보부대 사령관까지 이르는 과정은 분단 한반도의 엄중한 대치 속에 군사상 지략과 전략의 최고봉이 아니면 맡기지 않았을 임무다.

한 시절 호방한 지휘관이 존경받던 시절이 있었다. 세상이 복잡하고 다기능 시대로 변모하면서 이보다는 참모형 지휘관, 철두철미한 지휘와 섬세한 대비야말로 전쟁터의 승부를 가르는 절대적 요소이고 실패의 리스크를 줄이는 것을 기본으로 하는 시대로 변했다. 현대전의 양상에 철저히 대비하듯이 정 장군의 필치는 섬세한 기록을 출발점으로 하는 디테일에 있다.

이 책은 보통 사람들이 군을 제대로 이해하는 데도 훌륭한 길잡이가 되기에 충분하다. 그 연장선상에서 퇴임 후에도 강원대 사범대학 초빙교수, 한국폴리텍대학 학장직을 통해 이론과 실제가 적용되는 직업교육의 현장을 훌륭하게 발전시킨 경력은 모두 교육에 일찍이 눈을 뜨고 피나게 노력한 결과다. 그야말로 교육적 프래그머티즘을 제대로 실천한 인생 2모작이 그대로 모범답안이다.

이제는 전원에서 텃밭을 가꾸면서 문인으로 돌아간 기쁨을 누리고 있는 정 장군의 '귀거래사'는 보는 이들의 부러움과 경탄을 금할 수 없게 만든다. 그는 이제 치열한 군문과 대학에서의 삶을 내려놓고 그야말로 유유자적하는 삶을 살아가고 있음에 틀림없다.

일상에서 만나는 작은 사물 하나하나에도 애정을 기울이며 말을 거는 문학인의 삶을 살아가고 있는 일상이 이를 말해 준다.

문학성 높은 정 장군의 수필집 원고를 단숨에 읽어 내려가면서 국가에 대한 헌신과 그 노고를 다시 생각하며 박수를 보낸다.

앞으로도 종합문예지 월간 『문학세계』와 더불어 수필 분야에서 유려한 필치를 드높게 펼치리라 기대하며, 다시 한번 『내 인생의 꼭짓점들을 읊다』의 출간을 축하드린다.

- 작가의 말
- 축하의 글

# (1부)
# 한터에서 공지천으로

나의 고향 한터 · · · · · · · · · · · · · · · · · · · · · · · 17

첫사랑의 추억 · · · · · · · · · · · · · · · · · · · · · · · 22

뒷동산 밤나무 단지 · · · · · · · · · · · · · · · · · · · 27

공지천의 바람 · · · · · · · · · · · · · · · · · · · · · · · 30

내 사랑 Funny · · · · · · · · · · · · · · · · · · · · · · · 34

춘천 막국수 · · · · · · · · · · · · · · · · · · · · · · · · · 39

참나무 예찬 · · · · · · · · · · · · · · · · · · · · · · · · · 42

성구 영전에 · · · · · · · · · · · · · · · · · · · · · · · · · 46

장수를 떠나보내면서 · · · · · · · · · · · · · · · · · · 49

## (2부)
# 다이아몬드에서 무궁화로

마을의 영웅으로 귀향 · · · · · · · · · · · · · · · 55

다이아몬드(diamond)의 치욕 · · · · · · · · · · · 59

DMZ 회고 · · · · · · · · · · · · · · · · · · · · · · 64

골목대장감을 찾아라! · · · · · · · · · · · · · · · 71

국방대학교를 세 번이나 · · · · · · · · · · · · · · 75

대령 진급 · · · · · · · · · · · · · · · · · · · · · · · 79

한국 소개(Korea Presentation) · · · · · · · · · 83

함상(艦上)에서 막춤을! · · · · · · · · · · · · · · 90

아 아 잊으랴 어찌 우리 이날을! · · · · · · · · · 95

모정(母情) · · · · · · · · · · · · · · · · · · · · · · 99

# (3부)
# 저 하늘에 별이

시 조 묘(始祖墓) · · · · · · · · · · · · · · · · · · · 109

주인과 머슴 · · · · · · · · · · · · · · · · · · · · · 115

장군의 기개 · · · · · · · · · · · · · · · · · · · · · 119

표정 관리 · · · · · · · · · · · · · · · · · · · · · · · 125

여단장 시절 · · · · · · · · · · · · · · · · · · · · · 129

생각의 마술 · · · · · · · · · · · · · · · · · · · · · 134

군대의 꽃 사단장 · · · · · · · · · · · · · · · · · 137

금락내락(今樂來樂) · · · · · · · · · · · · · · · · 141

이임 + 전역식 · · · · · · · · · · · · · · · · · · · 144

큰형수님 · · · · · · · · · · · · · · · · · · · · · · · 148

## (4부)
# 교육은 내일의 등불

'스승'이라는 말의 의미 · · · · · · · · · · · · · · · 155

주경야독 · · · · · · · · · · · · · · · · · · · · · · · · · · 159

홈페이지 인사말 · · · · · · · · · · · · · · · · · · · 164

직업교육이 희망이다 · · · · · · · · · · · · · · · · 169

평생 직업 · · · · · · · · · · · · · · · · · · · · · · · · · 173

졸업작품 전시회 · · · · · · · · · · · · · · · · · · · 177

대학 졸업 식사 · · · · · · · · · · · · · · · · · · · · 181

통일 대박 · · · · · · · · · · · · · · · · · · · · · · · · · 186

실패자(looser) · · · · · · · · · · · · · · · · · · · · · 191

# (5부)
# 다시 자연의 품으로

드디어 수필 작가 등단! · · · · · · · · · · · · · 197

낙엽 · · · · · · · · · · · · · · · · · · · · · · · · · · · 200

전원주택 · · · · · · · · · · · · · · · · · · · · · · · 203

고라니와의 싸움 · · · · · · · · · · · · · · · · · 207

닭과의 동행 · · · · · · · · · · · · · · · · · · · · · 211

명품 농촌 만들기 · · · · · · · · · · · · · · · · · 215

공작산 · · · · · · · · · · · · · · · · · · · · · · · · · 219

빗물과 지표수 · · · · · · · · · · · · · · · · · · · 226

장수 아들 결혼을 축하하며 · · · · · · · · · 230

● 에필로그 · · · · · · · · · · · · · · · · · · · · · 235

# 1부
# 한터에서 공지천으로

집 좌 우측에는 각 2천여 평에 가까운 밭이 좌청룡(左靑龍), 우백호(右白虎) 형상으로 펼쳐져 있었고 집 앞으로는 말 그대로 텃밭과 문전옥답이 자리하고 있어서 멀리서 우리 집을 바라보면 아늑하기가 그지없어 보였다.

## 나의 고향 한터

나의 고향 한터는 강원도 춘성군 내평리(543번지)에 소재해 있었다. 우리 아버지는 육 남매 중의 넷째로 태어나시어 어머니와 결혼하신 후에 분가하여 바로 이곳에 터를 잡아 대농을 일궈내신 분이었다. 6·25 전쟁 중에는 원창고개를 넘어 원주로 피난을 가셨다가 다시 고향 땅으로 돌아오셔서 넓은 터에 안채와 사랑채가 있는 상당히 큰 한옥을 지으셔서 보금자리로 삼으셨다. 어린 시절 어렴풋이 기억하기로는 우리 집을 짓기 위해 당시로는 드물게 지역에서 내로라하는 목수 서넛과 인부들이 대거 투입되었고, 전쟁 와중에도 다행히 뒷산 깊은 골에 보존된 아름드리 소나무를 벌채 인가를 받아 대들보와 서까래 등의 재목으로 활용하여 상당 기간에 걸쳐 공사를 했던 것으로 알고 있다.

아버지와 어머니는 유난히 금실이 좋으신 가운데 슬하에 육 형제를 두었으나 전쟁 기간에 넷째를 잃어 오 형제를 키우셨다. 아버지는 엄하시면서도 지혜가 넘쳐나셨던 분이었으며, 어머니는 모성애가 지극하신 분으로 좀 다혈적인 면이 있으시지만 음식 솜씨는 참으로 좋으셔서 동네방네 널리 소문이 날 정도였다. 그 시절 나는 비록 시골이지만 유복한 가정에서 막내로 태어나 유년 생활을 남부럽지 않게 보낼 수 있었으나 초등학교 4학년 때 아버지가 지병으로 돌아가시면서 어려움을 겪기 시작하였다.

한터가 소재하고 있는 내평리는 북산면의 면사무소 소재지로서 춘천과 양구의 중간에 자리 잡고 있었다. 따라서 수몰되기 이전에는 춘천과 양구를 잇는 가장 인구밀도가 높은 문물의 중심 지역이기도 했다. 춘천에서 내평리까지는 샘밭에서 청평사를 거쳐 부청고개를 넘어 이르게 되는데 당시 비포장 상태여서 버스로 대략 한 시간 가까이 걸리는 거리였다. 이 46번 국도를 계속 따라가게 되면 동해안에 이르는 진부령과 미시령을 만나게 된다. 따라서 이 길은 동해안의 해산물을 춘천과 서울로 부지런히 실어 나르는 주요 수송로이기도 했다.

육로 이외에도 소양강 상류 지역에 있는 내평리는 뗏목 상들의 활동 본거지로 주목을 받았고, 주로 목재와 일용품을 뗏목으로 이용하여 춘천 또는 수도권 일대까지 운반하였다. 한편, 남북이 분단되기 이전에는 남쪽에서 금강산으로 가는 세 개의 경로 중 하나로 내평리를 거치는 경우가 많았다. 내평리에서는 오항리-추전리-양구읍-두타연에 이르렀고, 여기서 다시 금강산에 가기도 한 것으로 전해지고 있다. 내평리에 인접한 행정구역으로는 서쪽으로는 부귀리와 청평리, 북쪽으로는 오항리와 추곡리, 동쪽으로는 대동리와 조교리, 남쪽으로는 물로리와 고을리 등과 맞닿아 있어 그야말로 사통팔달 교통과 물류의 중심지였다.

한터는 내평리의 여러 마을 중 하나로 가운데를 가로지르는 도로를 중심으로 주로 북쪽 양지바른 곳에 다소곳이 모여있는 10여 가구에 이르는 전형적인 시골 마을이었다. 내평리 본 터와는 도보로 20분 내외 거리에 있었고 그 중간에 초등학교가 자리 잡고 있었다. 우리 집은 바로 집 뒤에 뒷산이 멀리 버티고 있는 가운데 가까이는 매년 상당량의 밤 수확을 안겨주는 아름드리 밤나무 20여 그루가 집 뒤를 지키고 서 있었다. 집 좌 우측에는 각 2천여 평에 가까운 밭이 좌청룡(左靑龍), 우백호(右白虎) 형상으로 펼쳐져 있었고 집 앞으로는 말 그대로 텃밭과 문전옥답이 자리하고 있어서 멀리서 우리 집을 바라보면 아늑하기가 그지없어 보였다.

원래 '한터'는 순수한 우리말로 표준국어대사전에는 '넓은 빈터'라고 풀이하고 있는데, 어려서부터 나는 내 고향 이름이 순수한 우리말이라는 점에 상당한 자부심을 느꼈고, 거기에 더하여 '한터'라는 이름 자체가 정감이 가는 고운 이름이라는 점에 더욱 자랑스러운 생각이 들었다. 그래서인지는 모르겠으나 바로 이 '한터'에서 태어난 어떤 총각이 중국에 가서 천자가 되었고, 후에 총각의 부친 묘를 한총(漢塚)이라 하였으며, 총각이 살던 집을 한터라고 하였다는 이야기가 예로부터 전해져 내려오고 있다. 한터라는 이름과 전해져 내려오는 이야기에 걸맞게 주변의 환경과 여건 또한 빼어난 경관을 자랑하고 있어서 만약 수몰이 안 된 상태로 보존되었다면 오늘날 명당 중의 명당이었을 것으로 모두 회자하고 있다. 돌이켜 보면 소양강댐이 국가 경제발전에 엄청나게 이바지해 왔던 점을 모르는 바는 아니지만 수몰지구를 떠날 수밖에 없었던 실향민의 애환을 무엇으로 함께할 수 있겠느냐는 물음에는 누구도 자신 있게 답할 수가 없을 것이다. 다만 앞으로는 어떤 국책사업을 계획하고 시행하든지 간에 그 국책사업의 결과가 가져올 여러 가지 파장을 심도 있게 분석하여 주민에게 응어리가 될 만한 상처가 예상되면 이를 충분히 치유할 수 있어야겠다는 충언을 하고 싶다.

다음은 춘천문화원의 한시반을 다니던 어느 날 춘천의 봉의산정에 올라 보니 그렇게도 그리워하던 고향이 소양호에 말없이 잠겨 있는 모습을 보고 벅찬 감개가 어려서 지어 본 한시의 일부이다.

## 鳳儀山頂斷想  봉의산정에서 본 고향

登岳見江東, 少時戀戀窮.
등악견강동　소시연연궁

失鄉經五十, 似時去過空.
실향경오십　사시거과공

景色和明垈, 水中遊興龍.
경색화명대　수중유흥용

惑如遇彼岸, 相互紓堆衷.
혹여우피안　상호서퇴충


봉의산에 올라 소양강 동쪽을 바라보니
어린 시절 내 고향 한터가 몹시 그립구나
실향민으로 산지 어언 50여 성상
쏜살같이 지나갔구나
빼어난 경관과 명당자리
물속에서 용왕님과 노니네
이생을 다하고 저세상에서 만나면
못다 한 정을 나눠보자꾸나

# 첫사랑의 추억

내 첫사랑과의 만남은 내가 초등학교 4학년 때인 것으로 기억된다. 그 만남의 충격이 커서인지 아니면 내가 좀 늦게 깨달아서인지는 모르겠으나 그 이전의 기억은 나에게 거의 없다. 그 시절 내 첫사랑과 함께했던 기억들, 예를 들면 학교 건물 뒤편에 있는 바위 언덕으로 소풍 가서 급우들과 함께 빼어나게 아름다운 소양강 강가 주변을 바라보면서 도시락을 까먹던 일, 바로 그 맑고 맑은 소양강 상류에 풍덩 빠져 멱을 감던 일이 생각난다. 당시 남학생들은 제기차기와 딱지치기, 구슬치기, 일명 불알시계 놀이에 정신을 팔고 있을 때, 여학생들은 기껏해야 고무줄넘기 놀이에 재미를 붙이고 있는데 남학생들이 와서 짓궂게 훼방을 놓았던 일들 역시 온전히 기억하고 있으나 그 중심에는 언제나 내 첫사랑 그녀가 있었다. 결국 그녀가 함께 했기 때문에 모든 것을 기억하는 것이 아닌가 생각된다.

그러는 가운데 가장 잊을 수 없었던 것은 5학년 때 운동회 날을 맞이하여 전교생 중에서 모범생을 선발하여 표창했는데 바로 그녀와 내가 남녀 학생 대표로 전교생과 학부모들이 지켜보는 가운데 나란히 수상을 하게 된 것은 평생 잊으려야 잊을 수가 없었다. 그래서인지 어린 마음에도 그녀와 나는 벌써 하나의 운명적인 짝꿍인 것처럼 느껴지기도 했다. 더구나 막내아들의 수상을 지켜보시던 어머니는 작년에 돌아가신 아버지가 계셨으면 얼마나 기뻐하셨겠느냐고 하시면서 눈시울을 붉히셔서 마음이 울컥했던 기억도 난다.

그런데 얼마 후에 나는 불알시계 놀이를 하다가 친구가 갑자기 덮치는 바람에 왼쪽 팔이 부러지는 사고를 당했다. 약 한 달 동안 춘천병원에서 치료를 받고 귀가했으나 학교에 등교를 못 하고 집에서 쉬고 있을 때 담임선생님의 지시로 친구들이 병문안을 온다는 소식을 전해 들었다. 친구들이 오기를 기다리는 동안 내내 그녀가 같이 오는지 어떤지가 궁금해 마음 졸이던 생각, 마침내 그녀가 같이 온 것을 확인하고는 마음속 깊이 기뻤던 기억, 드디어 다친 부위를 보여주면서 그녀와 눈이 마주쳤던 순간 등을 아직도 생생히 기억하고 있다. 그리고 5학년을 마치기 전에 그녀는 아버지를 따라 춘천에 있는 학교로 가버리고 말았다.

그 이후 나는 춘천중학교를 다니면서 그녀가 춘천여자중학교를 다닌다는 소식만을 전해 듣고 있다가 당시 중앙극장에서 상영했던

〈황태자의 첫사랑〉이라는 영화를 단체로 관람하고 집을 향해 가고 있는데 누군가가 뒤에서 따라오는 듯한 느낌이 들어 뒤를 돌아보니 그렇게도 만나보고 싶었던 그녀가 아닌가. 그녀도 단체 관람을 하고 막 극장을 나오던 참이었던 것 같았다. 마음은 당장 뒤를 다시 돌아보고 말을 걸어야지 하면서도 가슴은 콩닥콩닥하는 가운데 망설이다가 끝내는 말을 걸지 못하고 집으로 돌아오고 말았다. 얼마나 후회스럽고 창피했는지 모른다.

그러고 나서 고등학교 시절에는 사설학원에서 한두 번 목격했으나 대학입시 준비 때문에 엄두를 못 내고 있다가 육군 소위로 임관한 후 춘천에서 휴가를 보내던 중 그동안 시동생 뒷바라지에 애쓰셨던 큰형수님에게 다소 보답한다는 마음으로 큰형수님을 모시고 때마침 소양극장에서 상영 중인 〈춘향전〉을 보러 갔었다. 한참을 관람하고 있는데 뒤에서 내 어깨를 다독거리는 사람이 있어 뒤돌아보니 그녀가 그녀의 친동생과 함께 앉아 있는 것이 아닌가. 극장 안 어둠 속에서도 활짝 웃는 모습이 보였다. 참으로 기쁜 마음이 들었다. 당장 형수님에게 양해를 구하고 그들과 함께 극장 밖으로 나와서 근처 찻집에 들렀다.

이때만 해도 나는 대한민국 장교 양성 과정 중에서 가장 혹독하다는 훈련을 갓 마친 상태여서 그 기개는 하늘을 찌르고도 남을 만

했고, 황무지에 홀로 내버려져도 살아남을 수 있는 강건한 체력을 갖고 있던 터라 무엇이 두려웠겠는가. 마주 앉아 이야기를 들어보니 그녀는 벌써 교대를 졸업한 후 교사 발령을 기다리는 중이라 했고, 동생은 연년생이다 보니 2학년에 재학 중이라 했다. 물론 여동생이 같이 있다 보니 다소 제한은 받았겠지만, 서로 간의 소식을 어느 정도 주고받고 난 후에는 좀 더 다정하고 친근한 이야기를 통하여 그동안의 격조와 간극을 좁혀나갔으면 얼마나 좋았겠는가. 언행이 자연스럽지 못한 상태에서 그저 무용담으로 일관했으니, 역시 나는 여자를 다루는 솜씨가 초짜 중의 초짜였나 보다. 상대를 배려하지 못하고 제 잘난 체만 하는 형국이 되었으니, 전화번호나 주소도 확인 못 한 채 헤어지고 말았다.

그리고 나서는 30여 년이 지난 후에 동창 모임에서 만났으니, 세월의 무상함을 어찌하겠는가. 얼마 후에 그녀 딸의 결혼식에 참석한 자리에서 남편을 소개받아 인사를 나눈 바 있었다. 그런데 어느 날 친구 아들 결혼식장에서 그녀 남편을 만나 같은 식탁 바로 옆자리에서 식사하게 되었다. 자주 만나던 사이는 아니었지만 중학교 동창인 것을 알고부터는 나름대로 말을 터놓고 지내는 사이인지라 가벼운 마음으로 담소하던 중이었다.
그녀의 남편이 나와 함께 있다는 사실을 그녀에게 알리는 전화를 끊자마자 나는 스스럼없이 농담조로 "나의 어릴 적 소꿉동무,

나의 첫사랑이지~."라면서 운을 떼었다. 그러자 일순 그녀 남편의 표정이 다소 흐트러지는 듯한 느낌을 받아서 '아~ 내가 잘못 얘기했나?'라고 생각했지만 이내 나는 '서로 아는 처지에 그 정도 농담은 받아 주겠지.'라며 지나쳤다. 그 일이 있고 난 이후에 내가 그녀에게 카톡이나 메시지를 보내면 응답이 없는 것으로 보아 모르긴 해도 아마도 부부 사이에 무슨 이야기가 있었지 않았나 싶었다. 그렇다면 나로서는 정말 미안하다는 생각이 들 수밖에 없었다. 다소 경솔했던 내 언행을 한동안 자책하기도 했다. 부디 부부 사이가 나로 인해 소원해지질 않기를 마음속으로 간절히 기도했다.

우리 사이의 지고지순한 첫사랑의 추억이 혹여나 그녀 부부의 소원함으로 인하여 상처를 받는 일이 절대 없어야겠다고 나는 굳게 믿는다. 특히 내 유년 시절 우윳빛깔 나는 동심의 사랑은 물론, 사춘기 시절 〈황태자의 첫사랑〉과도 같은 풋풋한 사랑에 더하여, 청년 시절 순도 100%의 불꽃 같은 사랑의 추억이 죽는 날까지 나와 함께 온전하게 살아 있기를 소망해 본다.

# 뒷동산 밤나무 단지

'뒷동산 아지랑이 할미꽃 피면 꽃댕기 매고 놀던 옛친구 생각난다.'라는 노랫말은 언제 들어봐도 정감이 가는 말이고 그 멜로디 역시 언제 들어봐도 향수를 불러일으켜 준다. 그래서 그 노래 〈옛 생각〉은 나의 애창곡이기도 하다. 내 고향 한터 뒷동산은 아지랑이가 자주 드리워졌는가 하면 잔디밭 묘소 주변으로 할미꽃이 유난히도 많이 피고 지곤 했다. 거기다가 꽃댕기 매고 놀던 옛친구들도 시시때때로 와서 즐기던 동네 놀이터였다.

이 뒷동산에는 특히 왜정 때 심었던 것으로 추정되는 아름드리 밤나무가 20여 그루 이상이 버티고 있는 가운데 봄철 밤나무꽃이 필 때쯤이면 밤꽃 향기가 진동하여 여인네 마음을 산란케 하였고, 추석에 접어들면 알밤이 여기저기 떨어져 있어 제법 멀리에서도 알밤을 주우러 새벽에 많이들 왔었다. 당시에는 인심이 후하여 알밤을 줍는 것에 대해서는 일절 가타부타 이야기를 안 했으니 편한 마음으로 와서 한 시간 남짓 주우면 한두 되는 너끈히 주워갔다. 품종도 약밤에서 왕밤에 이르기까지 다양하였고 그 맛 또한 각별하기까지 했다.

 추석 전후로 밤나무 털기를 하는데 주로 장대를 들고 나무에 올라가 자세를 바로잡은 후에 장대로 밤송이를 겨냥하여 사정없이 두들겨 패면 밤송이와 알밤이 우두둑하며 떨어진다. 밤 털기를 잠시 멈추면 밑에서 대기하고 있던 사람들은 잽싸게 나서서 밤송이는 소쿠리에 담고 알밤은 별도의 용기에 담는다. 이렇게 반복해서 밤 털기가 이어지게 되는데 당시에는 안전 장구류가 없다 보니 밤나무 꼭대기까지 올라가서 털다가 떨어져 다치는 경우도 더러 있었다. 나는 어린 시절에 밤나무를 타고 올라가서 밤을 터는 셋째 형님이나 일꾼들이 너무 장하고 믿음직해 보였고, 나는 언제쯤이나 저렇게 밤나무에 올라가서 밤송이를 털 수 있을까 하고 기대를 해보기도 했다. 이렇게 이어지는 밤 털기는 밤나무가 많다 보니 몇 날 며칠이 걸려서야 끝낼 수가 있었다.

 밤을 털고 난 이후에는 밤송이를 우리 집 뒤란에 산더미처럼 쌓아 놓은 상태로 묵혀두었다가 밤송이가 부식하기 시작할 때쯤 해서 밤송이를 깠다. 이리해서 얻은 알밤은 겨울 내내 땅속 구덩이에 저장할 것과, 시장에 내다 팔 것, 그리고 삶거나 말릴 것 등으로 나누어서 처리하게 된다. 삶게 되면 어머니의 손이 제일 많이 가게 마련인 데, 이는 삶아서 곧바로 먹기도 하지만 대부분은 껍질을 벗긴 후에 으깬 다음 여기에 토종꿀을 섞어서 조막손 크기 모양으로 뭉쳐 놓았다. 그런 다음 어머니는 이것을 다시 함지박에 담아서 광에다 놓은 상태로 우리가 언제나 들락거리면서 먹을 수 있도록 겨울 내내 보양식으로 제공하시곤 했다. 때로는 엄동설한 동지섣달에 군밤을 먹고 싶어 뒤란 구덩이에 묻어 둔 밤을 꺼내어 화롯불에 집어넣고 기다리다가 칼집을 덜 낸 탓에 "펑"하며 터지면서 화롯불 재가 온 방을 뒤집어씌우는 불상사를 겪기도 했다.

돌이켜보면 우리 집 뒷동산은 아지랑이와 할미꽃, 꽃댕기, 옛친구가 어우러진 꿈의 꽃동산 디즈니랜드이자 영원히 잊지 못할 밤꽃 향기와 알밤의 추억을 안겨준 천상의 화원이었다. 그래서 나는 어린 시절을 회상하는 가운데 미래의 또 다른 화원을 꿈꾸면서 오늘을 살고 있는지도 모르겠다. 애니메이션계의 선구자 월트 디즈니(Walt Disney)가 "우리의 모든 꿈은 이루어질 수 있다. 만일 우리에게 그 꿈을 밀고 나갈 용기가 있다면 말이다."라고 한 말에 용기를 얻어 나는 오늘도 지금 살고 있는 뒷동산에 밤나무 한 그루라도 더 심기 위한 노력을 멈추지 못하고 있다.

## 공지천의 바람

내 고향 한터는 이미 소양강 댐 호수에 수장되어 물나라에서 노닌 지 오래되어 마음속의 고향이 되었지만, 한터 다음으로 학창 시절부터 이 세상에서 나의 놀이터가 되어준 곳은 바로 춘천의 공지천이다. 공지천은 대룡산(899m)에서 발원하여 효자동을 비롯한 춘천시가지를 지나 의암호로 이어지는 하천이다. 지금은 공지천 양쪽으로 수변 산책로와 자전거 길이 잘 조성되어 있어 계절별로 아름다운 풍광을 선사하고 있다. 특히 벚꽃이 흐드러지게 피어오르는 봄날에는 더욱 매력적으로 다가온다.

내가 공지천과 인연을 맺게 된 것은 공지천이 내가 살고 있던 죽림동과 모교인 춘천중학교에 가까이 있어서이기도 했지만, 그것보다도 겨울이 되면 춘천에 거주하는 어린이와 젊은이들이 모두 나와 이곳에서 얼음을 지치면서 노는 것이 연례행사처럼 되어왔기 때문이었다. 나 역시 중학 1, 2학년 겨울에는 시간 가는 줄 모르고 스케이트 타는 것을 즐겼는데, 당시에는 개인 소유 스케이트가 귀해 시간 단위로 대여받아 타면서 중간중간 따듯한 어묵 국물로 몸을 녹이곤 했었다. 얼마 후에는 매년 전국의 빙상경기 대회가 이곳에서 열리기 시작했는데 이때는 공지천 경기장을 중심으로 숙박업과 음식점이 호황을 이루어 이 지역 주민과 상인들을 기쁘게 했다. 우리 학생들도 구경하느라 기쁘기는 마찬가지였다. 왜냐하면 동료 학생들이 우승하는가 하면, 춘천이 모든 종목을 싹쓸이할 때도 있어서 응원의 열기는 도가니 그 자체였기 때문이다.

이러한 공지천에 여름이 찾아오면 개천 따라 불어오는 골바람이 선선하기 이를 데가 없었다. 그때만 해도 관공서나 주택을 막론하고 에어컨을 찾아보기 힘들 때여서 마땅히 더위를 식힐 장소가 없었다. 그렇다 보니 많은 시민이 가족 단위로 공지천 양쪽 둑방을 찾아 돗자리를 펴고 이야기꽃을 피워가며 더위를 쫓는 경우가 많았다. 바로 위의 형과 나 역시 공부하다가 몹시 더우면 산책 겸해서 공지천에 나와 보는 경우가 더러 있었다. 그런데 하루는 어둠이 짙어질 무렵에 아낙네들이 옷을 벗고 목간 하는 모습을 여기저기에서 볼 수가 있었다. 사춘기 시절에 약간 어둠이 있었지만 실 오르라기 하나 걸치지 않은 여체를 보는 순간 가슴이 콩닥콩닥하면서도 남몰래 한참을 지켜봤던 일을 잊을 수가 없다. 아마도 여자들 처지에서는 너무 어두우면 씻기도 불편하고 무서운 생각도 들 수도 있다 보니 어둠이 적당히 내려앉는 시기를 택하여 옷을 벗지 않았을까? 하는 생각을 해본다. 아무튼 공지천은 이래저래 많은 추억과 놀이를 제공한 곳이었다.

1968년에는 에티오피아군의 6 · 25 전쟁 참전의 공로를 알리기 위한 기념탑이 바로 공지천교 입구에 건립되었고, 2007년도에는 전쟁의 교훈을 되새기기 위하여 기념탑 맞은편에 기념관이 건립되어 공지천의 명물로 자리 잡게 되었다. 기념관 앞에는 하일레 셀라시에 1세 에티오피아 황제가 이름을 지어주면서 황실 원두까지 보내준 에티오피아 벳(집)이라는 커피전문점이 운영되고 있어 공지천을 찾는 이들의 발걸음을 멈추게 하고 있다.

나는 군 생활하는 동안에는 어쩌다 지나칠 때가 아니면 공지천을 찾지 못하고 있다가 군문을 나와 강원대학교와 한국폴리텍Ⅲ대학에서 직장 생활을 하면서 다시 공지천을 찾기 시작하였다. 더욱이 내가 다니고 있는 서예실 바로 옆에 공지천이 자리하고 있어서 바깥바람을 쐬고 싶거나 산책하고 싶을 때는 언제든지 바로 나설 수가 있어서 편했다. 특히 학창 시절과는 비교가 안 될 정도로 잘 정비된 산책로를 따라 걸으면서 학창 시절의 추억을 떠올리기도 하고 그동안 정리가 안 되었던 생각들도 산책로를 따라 걷다 보면 어느새 실마리를 풀어나갈 수 있어서 좋았다. 젊은 학생 시절과는 또 다른 느낌과 사색의 공간이 되다 보니 기회가 되면 자주 찾게 되었다. 참으로 나에게는 공지천이 예나 지금이나 마음의 안식처가 되고 있다.

 더구나 최근에는 춘천 MBC로 가는 도로변에 있는 의암공원에서 공지천 유원지를 가로지르는 또 하나의 명소인 '춘천사이로248' 출렁다리가 생겨서 공지천을 찾는 이들에게 즐거움을 더해 주고 있다. 이 다리에 오르면 춘천시가지와 의암호 일대 수변, 그리고 공지천 주변 일대의 풍광을 한눈에 조망할 수 있고 춘천대교와 레고랜드 모습도 아름답게 보인다. 여기서 춘천 MBC를 거쳐 의암호 방향으로 이어지는 산책길과 자전거길 또한 빼어놓을 수 없는 버킷리스트 중의 하나로 자리매김하고 있다. 특히 이 주변에는 상상마당 등 복합문화공간과 스포츠 타운이 조성되어 있어 다목적 관광 명소로서 손색이 없다.

 대룡산에서 발원된 공지천이 춘천시가지를 거쳐 의암호에 이르면서 그동안 많은 애환과 사연을 쌓고 우여곡절을 겪으면서 오늘의 모습으로 우리 앞에 다가서 있다. 이런 공지천은 나에게 있어서는 유년 시절의 한터를 거쳐 학창 시절의 둘도 없는 놀이터로 자리매김하면서 심신의 성장을 도와준 일등 공신이기도 했다. 생각건대 공지천을 따라 불어오는 골바람이 우리를 먼 추억에서부터 불어와 오늘의 공지천으로 만들었듯이 앞으로도 천지개벽의 신천지를 엮어 내어서 자라나는 청소년들에게 꿈과 희망을 선사하는 놀이터가 되어주기를 기원해 본다.

# 내 사랑 Funny

초등학교 시절에 우리 집에서 키우던 개 이름은 Merry였다. Merry는 늘 나와 함께하는 시간이 많았다. 그도 그럴 것이 집안의 어른들은 농사일과 살림살이에 늘 바쁘셨던 반면 나는 집 주변에서 지내는 경우가 많았기 때문이 아닌가 싶다. 다만 학교에 가 있는 동안에는 떨어져 있었으나 등교할 때는 절반 정도 따라왔다가는 돌아가고, 하교할 때쯤 되면 어떻게 알았는지 등교할 때 따라왔던 지점까지 나와 나를 마중하곤 했다. 한마디로 Merry는 나의 어릴 적 둘도 없는 소꿉동무였다.

그런데 어느 날 학교에 갔다가 집에 돌아와 보니 낯선 사람이 와서 다소 어수선한 분위기였다가 조금 있다가는 개장수로 보이는 낯선 사람이 우리 Merry를 끌고 가는 것이 아닌가. 끌려가는 Merry를 보면서 마주친 Merry의 눈길은 세상에서 가장 슬퍼 보였고 분명 살려달라는 애원의 눈길이었음에도 당시 어른들이 하는 일이라 나는 속수무책일 수밖에 없었다. 그저 내가 할 수 있었던 것은 Merry를 따라가면서 엉엉 울 수밖에 없었다. 그리고 개장수가 동구 밖 신작로 건너편 냇가까지 Merry를 끌고 간 것으로 보였다가 이내 모습이 사라지더니만 얼마 후에 Merry의 비명이 몇 차례 들려왔다. 이후 나는 Merry를 다시 볼 수 없다는 슬픔에 빠져 오랫동안 가슴앓이를 해야만 했다.

　Merry와 사별을 하고 난 이후에는 이별의 아픔이 커서였던지 다시는 개를 가까이하거나 키우지 않겠다고 생각했었다. 그러다가 정보부대 사령관으로 재직할 당시 어느 날 인사처장이 들어와 "사령관님, 공관에서 암수 한 쌍 개를 키워보시지 않겠습니까?"라고 해서 그 내막을 들어보니 다음과 같았다. 2000년 남북정상회담 시에 김대중 대통령이 김정일 국방위원장으로부터 선물 받은 풍산개 암수 한 쌍을 처음에는 청와대 내에서 키우다가 나중에는 국정원에 맡겼는데 여기에서 새끼를 낳아 분양한다는 것이었다. 정보부대가 국정원의 업무 계선에 있다 보니 가장 부담이 없고 믿고 맡길 수 있다고 판단해서 연락이 온 것으로 보였다. 나는 북한에서 온 풍산개라는 점과 사령관 공관이 비교적 넓은 잔디 마당으로 조성되어 있어 개를 키우는 데 별다른 어려움이 없을 것으로 보고 키우기로 결심했다.

얼마 후에 흰색 풍산개 암수 한 쌍이 왔는데 누구나가 보면 귀여울 수밖에 없는 모습을 갖고 있었다. 오자마자 수놈은 Funny, 암놈은 Happy라고 이름을 지어주고, 그날부터 퇴근하면 암수 두 놈을 길들이는 데 신경을 썼다. 돌이켜보면 그때처럼 꿈결 같은 기간을 보낸 적이 없을 정도로 잔디 마당에서 두 마리와 함께 더불어 뒹굴면서 나름 즐겁게 지냈다. 그러는 가운데 내가 전역할 때가 다가와 이 Funny와 Happy를 어떻게 처리할지 걱정하던 중에 인사처장이 후임 사령관이 개 키우는 것을 좋아할지 어떨지도 모르기 때문에 나만 괜찮다면 데리고 가시는 것이 좋겠다는 의견을 제시했다. 이에 따라 나는 전역 후에 살 전원주택을 이미 장만해 놓은 상태라서 개를 키우는 데는 어려움이 없다고 판단하고 데리고 가기로 했다.

전원주택으로 이사한 후 얼마 동안은 사령관 공관에서의 생활과 별반 차이가 없었다. 그러나 얼마 지나지 않아서 갑자기 Happy가 다리를 절더니만 결국에는 소아마비 증세를 보였고 Funny 역시 사람 왕래가 거의 없는 시골 생활에 적응을 못 하는 것으로 보였다. 더구나 처음에 이사를 와서 이것저것 해야 할 일들이 제법 많아 내가 신경을 못 쓰거나 덜 쓴 점도 없지 않아 있어 보였다. 거기에다가 낯선 사람이 오면 짖어야 하는데 오히려 꼬리를 흔들면서 반기는 것이 나로서는 못마땅해 보이기도 했다. 풍산개가 짐승에게는 사납지만 반면에 사람을 잘 따르는 특성이 있다고는 하지만, 내 집은 울타리가 없고 터가 조금 넓은 편이라서 더욱 개 짖는 소리가 아쉽기도 했다. 마침, 이웃에 살고 계시는 형님 댁에 개가 필요하다고 해서 넘겨주고 말았다.

그리고 난 후 20년 가까이 이곳에서 살면서 개집은 지어놓고 개를 키우지 못하고 있었던 이유 중의 하나는 만약에 앞으로 개를 키우면 어렸을 때 우리 집에서 키웠던 진돗개 종류를 키우겠다고 마음을 먹었으나 그것이 쉽지 않았고 또 한편으로는 지난번 Funny와 Happy 일로 아내가 개 키우는 것을 반대하고 있기 때문이기도 했다. 그러다가 얼마 전에 지인 중의 한 분이 진돗개를 키우지 않겠느냐는 문의가 들어와서 아내에게 의향을 물어보니 그새 TV 프로그램을 보고 생각이 바뀌었는지 좋다는 답이 돌아왔다.

이리해서 진돗개를 분양받기로 하고 데리고 온 백구를 묶어놓았으나 어느새 이놈이 목줄을 풀고 산으로 가버리는 바람에 놓쳐버리고 말았다. 밤늦게까지 산을 몇 번 오르고 내리면서 찾아봤으나 허사였다. 그 이야기를 듣고 분양했던 분이 다음 날 아침에 나와 같이 산에 올라 두어 번 이름을 부르니까 그동안 꿈적도 하지 않던 놈이 어느샌가 저쪽 능선에서 쏜살같이 이쪽 능선으로 뛰어오는 것이 아닌가? 참으로 신기하다는 생각이 들었다. 분명 주인의 목소리를 알아보고 달려왔음이 확실해 보였다. 백구를 찾은 후에 분양하신 분이 만일을 위해서 데리고 온 황구를 같이 보여주면서 어느 것을 택하겠느냐고 물어왔다. 이에 나는 먼저 가져온 백구는 도망치기도 했고, 새로 가지고 온 진돗개가 호랑이 상(像)인 데다가 옛날 Merry와 같은 황구여서 주저 없이 황구를 택하기에 이르렀다.

이리해서 옛날 어린 시절 Merry와 같은 모양의 황구와의 여정이 시작되었다. 우선 이름은 수놈이다 보니 풍산개 수놈에게 붙였던 Funny로 지었다. 물론 옛날 어린 시절 Merry로 이름을 지을 수도 있었지만, Merry와의 사별이 마음에 걸려 그렇게 지었다. 이제 Funny는 생후 1개월이다 보니 개의 평균수명 15년을 고려하면 나보다 장수하거나, 나와 같은 시기에 이 세상을 마무리할 것으로 예상이 된다. 지금까지 개를 키우면서 여러 가지 지은 죄에 대해 속죄한다는 마음으로 Funny와 함께하는 동안 최선을 다하여 돌보아 주면서 서로 즐겁고 행복한 시간을 보낼 수 있기를 기원해 본다.

# 춘천 막국수

내 고향 춘천은 막국수의 고장이다. 그래서 그런지 시가지의 어귀 길목에는 영락없이 막국수 관련 식당 상호가 유난히도 많아 보인다. 물론 막국수의 절묘한 맛과 문학이 어우러진 향토적인 분위기에 흠뻑 젖고 싶은 곳으로는 역시 가산(可山) 이효석의 단편소설 『메밀꽃 필 무렵』의 무대인 평창군의 봉평면을 빼어놓을 수 없다. 하지만 옛날부터 강원북부지역의 산간벽지(山間僻地)를 화전(火田)으로 개간하여 생산된 메밀이 춘천에 모여져 유통되는 과정을 거치면서 춘천이 대표적인 막국수 고장으로 알려지기에 이르렀다.

막국수의 원료인 메밀의 원산지는 자료에 따라 다소 차이는 있으나 중국 동북부지역 또는 러시아 바이칼호 인근 지역으로서 7세기경에 만주를 거쳐 우리나라에 들어온 것으로 전해지고 있다. 메밀은 서늘한 온대지방의 건조하고 척박한 땅에서 잘 자라며 생육 기간이 3개월 정도로 짧다 보니 흉년으로 기근이 심할 때 주식 대신 먹을 수 있는 구황작물(救荒作物)로 주로 강원도 지방에서 널리 재배됐다. 특히 메밀은 잎이 파랗고, 꽃은 희며, 줄기가 붉고, 열매는 검으며, 뿌리가 노라므로 5색을 갖춘 오방지영물(五方之靈物)이라 하여 한방에서는 귀하게 여겨져 왔던 작물 중의 하나다.

중국의 대표적인 약학서인 『본초강목(本草綱目)』에 "메밀은 기를 내리고, 장(臟)을 좋게 하여 체한 것을 내리게 하고, 설사를 그치게 하며, 부증(浮症)도 내리게 한다."라고 적혀 있다. 이뿐만 아니라 막국수는 모세혈관을 튼튼하게 해주어 혈관의 저항력을 강화하는 '루틴'이라는 성분을 갖고 있어 고혈압과 뇌출혈 예방효과에 좋다고 알려져 있다. 여기에 더하여 막국수는 저지방 저칼로리 식품으로서 비만과 변비증세가 있는 사람들에게 식이요법을 위한 음식으로도 나무랄 데가 없는 데다가 여인네가 막국수를 많이 먹으면 속살이 예뻐지는 등 미용식으로도 좋다고 하니 금상첨화가 아닐 수 없다.

메밀을 원료로 한 대표적인 음식에는 바로 냉면과 막국수가 있다. 냉면과 막국수의 근본적인 차이는 냉면은 양반들이 즐겨 먹었던 음식이지만, 막국수는 서민들이 주로 먹었던 음식이다. 그래서인지 냉면은 껍질을 벗겨 곱게 빻은 메밀가루를 사용했지만, 막국수는 거친 껍데기 채 그대로 빻아 만든 메밀가루를 사용하였다. 이처럼 막국수는 냉면과 달리 거친 메밀가루를 반죽해서 '마구 만들어 먹는' 음식이라 해서 그 이름이 '막국수'라고 불리게 되었다고 한다. 지금은 세월이 좋아지면서 양반가에서만 먹던 냉면도 진즉 대중화

된 음식이 되었고, 막국수 역시 건강 음식으로 사랑받게 되면서 이웃사촌이 되었지만, 애당초 서민들의 애환이 서려 있는 막국수에 보다 정감이 가는 것은 보통 사람들의 인지상정이 아닌가 싶다.

 게다가 내가 막국수를 좋아하는 이유 중 하나는 담백한 막국수 맛과 더불어 국수가 나오기 전에 먹을 수 있는 수육이나 감자 부침개, 빈대떡, 총떡 등 우리 어머니들의 손맛이 깃든 별미들이 입맛을 끌게 하는 데도 있다. 기호와 식성에 따라 골라 먹는 맛을 즐길 수 있어서 막국숫집을 자주 찾는다.

 막국수의 처음과 끝을 장식하는 육수는 막국수의 맛을 가늠해 보는 바로미터(barometer)이자 식사를 마치면서 입안을 청결히 하는 청량제 역할을 하기도 한다. 육수의 주원료로는 주로 소고기, 닭고기, 멸치 등이 사용되는데 추가적인 재료 여부에 따라 그 맛은 다양할 수밖에 없다. 대개는 육수를 적당히 붓고 식성에 따라 겨자와 설탕과 식초를 골고루 넣어 잘 버무려 먹는 맛도 좋지만, 원래는 시원한 동치미 국물에 말아 먹어야 제격이다.

 이 삼복더위에 막국수 타령을 하는 것은 동지섣달 긴긴밤 골목길 언저리에서 '메밀묵 사려!'라고 메아리처럼 들려오던 메밀 장수의 정겨운 목소리를 연상하면서, 시원한 동치미 국물에 막국수를 말아 먹으면 조금이라도 더위를 식힐 수 있지 않을까 하는 소박한 생각에서다. 오늘은 일찌감치 동치미 막국숫집이나 찾아가 봐야겠다.

# 참나무 예찬

매년 절기상으로 서리가 내린다는 상강(霜降 : 올해는 10월 23일)을 지나면 곧바로 겨울로 접어든다는 입동(立冬 : 올해는 11월 7일)을 앞두고 우리 조상들은 가을걷이를 마무리하면서 땔나무를 준비하는 데 여념이 없었다. 요즈음은 농촌지역에도 가정용 심야 전력이나 경유 보일러를 겨울 난방시설로 활용하는 경우가 많아지기도 하였으나 최근 몇 년 동안 화목용 보일러가 예상외로 많이 보급되기도 했다. 더구나 겨울의 정취를 한껏 만끽할 수 있는 벽난로가 전원주택을 중심으로 애용되고 있어 화목에 대한 관심과 수요가 계속 증대하고 있다고 한다.

시골에서 태어나 어린 시절을 줄곧 그곳에서 보냈던 입장에서 화목의 소중함을 한시도 잊은 적이 없는 듯하다. 겨울이 다가오면 월동 준비를 위해 남정네들은 예외 없이 뒷산에서 화목(주로 참나무, 소나무)을 거두어 뒤란이나 뒤꼍에 집채만 한 나뭇가리를 써놓고 겨우내 몇 단씩 끌어내 난방과 더불어 밥을 짓고 소죽을 끓여내야 했기 때문이다.

 군문을 떠나 귀촌한 이후로는 뒷산에 올라 낙엽송과 잣나무 간벌을 직접 하기도 하고 간벌한 목재를 활용하여 정자를 짓기도 했다. 더욱이 본채와 별채에는 난방 등 다목적 용도로 벽난로를 각각 설치하다 보니 화목과의 싸움과 동행은 계속 이어지게 되었고 이에 따라 자연스레 화목과는 친숙하기에 이르렀다.

 우선 겨울 화목용으로는 여러 가지 수종이 있겠으나 역시 참나무를 빼어놓을 수 없다. 참나무와 비견될 수 있는 소나무는 화력면에서 뒤지지 않으나 송진에서 나오는 끄름이 많은 것이 결점이고, 특히 리기다소나무는 재질이 물러 화력이 볼품없다. 아까시나무는 재질이 단단하여 화목용으로는 좋으나 한 해 동안 묵혀서 사용하는 것이 좋고, 낙엽송은 나무 가시가 많아 다루기가 다소 불편한 데다가 불이 붙으면 불티가 튀겨 안전에 좋지 않다. 그밖에 잣나무는 송진이 소나무보다도 많을 뿐만 아니라 재질이 연하여 금세 타 버려서 화목용으로는 제일 하치에 속하며, 밤나무는 옛날 우리 조상님들이 화롯불 용으로 사용하기도 했으나 오랫동안 불을 쬐고 있으면 머리가 아파진다. 이같이 모든 수종이 화목용으로서 갖가지 흠집이 있는 데 비하여 참나무는 완벽하다.

그래서 참나무는 화목용으로 모든 수종의 으뜸임이 분명함은 물론 그 외의 용도 또한 다양하다. 먼저 참나무는 표고버섯을 생산하는 대표적인 원목이기도 하다. 표고버섯은 고대 그리스에서는 신의 식품이라고 했고, 중국에서는 불로장수 식품이라고 했을 만큼 그 영양학적 가치가 높으며 성인병을 예방하고 암세포 증식을 억제하는 것으로 알려져 있다. 이렇게 소중한 식품을 참나무 원목 20여 개(지름 10~15㎝, 길이 1.2m)에다가 구멍(개당 둘레로 네 곳에, 길이 10-12㎝ 간격으로 50여 개)을 뚫고 여기에 시중에서 판매하는 씨균을 집어넣은 다음 숲속 야지에 세워두기만 하면 온 가족이 5~6년 동안 정말 신선한 표고버섯의 참맛(우리 집에서는 기름에 약간 데친 버섯을 진간장에 찍어 먹음)을 즐길 수 있다.

  참나무는 표고버섯만이 아니라 영지버섯과 상황버섯을 생산하는 원목으로도 사용되고 있어 일부 농가의 수입원 노릇을 톡톡히 하고 있다. 여기에다가 겨울철 표고 약 900m 이상의 고지대에서 서식하고 있는 참나무는 숙주(宿主)식물의 역할도 수행하여 겨우살이(숙주식물에 기생하여 서식하는 식물)를 생산하기도 하는데 예로부터 참나무에 기생하는 겨우살이는 약효가 뛰어난 것으로 널리 알려져 신성시 되어왔다.

참나무는 잎과 열매의 크기와 용도 그리고 껍질의 형태에 따라 크게 여섯 가지로 나뉜다. 우선 임금님에게 도토리묵 수라상을 받쳤다 하여 이름 지어진 상수리나무, 나무껍질이 굵고 확연하여 붙여진 굴참나무, 늦가을까지 황갈색 단풍이 달려있어 붙여진 갈참나무, 나무는 크게 자라 웅장하지만 잎이 작아 붙여진 졸참나무, 떡을 싸서 쪄먹었다 하여 붙여진 떡갈나무, 그리고 옛날에 짚신의 밑바닥에 깔창 대신 잎사귀를 넣은 데서 유래된 신갈나무 등으로 구분한다. 명명된 참나무의 이름에서 보듯이 참나무는 오랜 기간 이 땅에서 우리 민족과 더불어 애환을 같이 해 왔음을 알 수 있다.

여기에 더하여 참나무는 밑동을 자르고 또 잘라도 어느샌가 다시 움을 틔우는 끈질긴 생명력을 유지한다. 이는 마치 우리 민족이 걸어온 유구한 역사와도 흡사하다. 국토의 대부분이 산과 골짜기로 뒤덮인 나라의 곳곳에 어딜 가도 만날 수 있는 나무! 참나무는 그래서 서민적 민족목이다. 하여 이참에 무궁화가 우리나라 꽃이듯이 참나무가 우리나라 나무, 즉 국목(國木)이라고 칭해도 지나치지 않으리라 여겨진다.

# 성구 영전에

너는 강 건너 물노리, 나는 강 이쪽 한터에서 태어나
산천 수목 수려한 우리 고향 내평리를 무대로
맑고도 해맑은 어린 시절을 꿈결처럼 보냈었네!

너의 사촌 승구는 내가 살고 있던 한터에서
매일 아침 학교 가는 길에 만났던 단짝 동무
승구는 가을 운동회 하던 날에 너의 집에서
전날 싸준 삶은 밤을 위 저고리에 잔뜩 넣고
뛰어오다가 학교 정문 언덕에서 넘어져
어린 나이로 무지개다리를 건너고 말았지!

넘어지던 현장에서 기다리고 있던 나는
눈앞에서 벌어진 충격과 슬픔이 너무 커
이날 이때까지 잊히지 않는 가운데

마음의 상처로 안고 살아 왔네

그런데 그런 나에게 승구보다는 다소
먼듯했던 네가 가까이 다가와 잊혀 가고 있던
어린 시절의 추억을 아스라이 떠올리게 하여
먼 옛날의 아름다운 동심으로 돌아가게 하곤 했지!

그뿐이랴! 오랜 군 생활 끝에 고향 근처에 자리 잡은
나에게 전화 한 통화 넣고 불쑥 찾아와 그 좋은 입심으로
세상 돌아가는 이야기를 쉴 새 없이 내뱉고 할 때면
나도 모르게 어느새 위안을 받고, 사는 맛을 느끼게 했네

두 번의 대수술을 받기 전이나, 받고 나서도 한결같이
그 특유의 변치 않는 유머로 넋두리를 읊는 모습을 보고 있노라면
누가 병문안을 하고 있는지, 병문안을 받고 있는지
도무지 분간을 할 수 없을 정도로 혼을 빼놓았지

한 달포 전에 동창들과 함께 찾아보지 못한 내가
보름 정도 지나 대학 강의 후 너에게 전화했더니만
얼굴 한 번 보고 싶다는 나를 극구 만류하면서
건강한 음성으로 "용섭아, 나도 꿈이 많았던 놈이야"라고
한 말이 네가 이승에서 나와 나누었던 마지막 말이 될 줄이야

살아생전에 몹쓸 짓도 안 한 너의 마지막 가는 날은
어찌나 매서운 칼바람이 산자락에 몰아치는지!
용진이가 선소리꾼으로, 귀철이가 상여꾼으로 너를 배웅하고
나머지 동창들은 미리 너의 누울 자리를 이리저리 살펴보면서
부디 이승에서 이루지 못한 꿈 저승에서는 이루어지기를
간절히 빌고 또 간절히 빌었었네

이제 이승에서의 미련은 훌훌 털어버리고
편안히 잘 가게나 나의 둘도 없는 친구 성구야!

己丑年 元旦

## 장수를 떠나보내면서

    우리의 남편이요, 아버지이면서, 동생이고, 삼촌이었던, 우리의 영원한 친구인 장수는 우리 곁을 끝내 떠나고 말았습니다. 7월의 장마전선이 이 땅을 먹구름으로 뒤덮고 있을 즈음 장마전선이 머무는 동안에는 일어나려고 해야 일어날 수 없는 날벼락과도 같이 어처구니없게도 의료 수술 부주의로 그토록 사랑하던 장수를 떠나보내야 할 자리에 우리 모두 애통한 심정으로 서 있습니다. 세상에 이처럼 원통하고 허망한 노릇이 어디에 있습니까?

    사람이 살아간다는 것이 인생무상이라고 하지만 그렇게도 건강하던 사람이 아직도 젊은 나이에 허무하게 우리 곁을 떠나니 우리들은 살점을 뜯기고 가슴을 도려내는 아픔을 가눌 길이 없습니다. 더욱이 오는 10월이면 그토록 마음을 조아리면서 기다리고 고대했던 사랑하는 맏딸 은진이의 결혼 잔치가 일가친척과 친지들의 축복 속에서 성대하게 치러지기만을 기도하는 마음으로 준비하고 있던 마당에 이 무슨 청천벽력이란 말입니까? 은진이의 결혼식 날짜를 받아놓고 그렇게도 좋아하면서 들뜬 마음으로 사위와 사돈네 자랑을 마음 내놓고 하던 모습이 아직도 눈에 선한데 이 무슨 호사다마란 말입니까?

 장수는 형님 직장을 따라 춘천 삼천리로 내려와 생소한 지역에서 학교에 다니면서도 홀어머니가 좋아하시는 일이라면 무엇이든지 마다하지 않았던 막내아들이었으며, 어머니를 여의고 나서부터는 형님과 형수님 그리고 누님과 매부를 부모처럼 생각하며 모셨던 파평 윤씨의 대들보였으며, 형님이 돌아가신 후에는 형수님과 조카들을 안쓰럽게 생각하면서 조카들을 자식들 돌보듯 하였던 집안의 듬직한 보루이기도 하였습니다.

 고등학교 시절에는 불의에 대한 분노와 정의를 향한 열정이 충만하여 강원도 내에서는 최초로 한일 국교 정상화에 반대하는 시위를 주동하여 옥살이하는가 하면, 당시 고등학교 학생이라면 누구나가 선망의 대상이었던 YMCA와 4H 클럽 활동 등에서 두각을 나타내어 리더로서의 자리를 확고히 하는 가운데 '미스터 춘농'이라는 별칭을 얻기까지 하였습니다.

 군대와 대학 생활을 통하여 다양한 경험을 터득할 수 있었던 장수는 축협에 입사하여 특유의 성실함과 인내성 그리고 독특한 인맥 관리에 힘입어 승승장구하기에 이르렀고, 드디어 꿈에 그리고 그리던 농협 감사에 취임하였으니 어찌 이를 두고 '입지전적'이라고 아니할 수 있겠습니까?

공직에서 물러 나와서는 부인의 적극적이고 헌신적인 내조 하에 자그마한 단독주택을 내로라하는 빌딩으로 우뚝 서게 만들고 이제 한숨을 돌리면서 두 남매의 출가를 차례로 목전에 두고 있던 터에 이런 황당한 일을 지켜보고 있자니 너무나 가슴이 찢어지는 듯 아프기만 합니다.

장수와 함께했던 지난날의 모습들이 지금도 파노라마처럼 우리들 뇌리를 스쳐 지나가고 있습니다. 유달리 옛시조와 현대 시를 즐겨 낭송하며 낭만을 이야기하던 모습, 노래방에 가서는 구수한 노래로 좌중의 흥을 돋우고 압도하던 모습, 장군과 장수 중에 누가 더 높으냐며 이름 자랑하던 모습, 이름 덕에 친구 중에 가장 오래 살 수밖에 없다며 건강에 자신하던 모습, 그리고 일본 홋카이도 지방의 설원 풍경과 삿포로 맥주를 좋아하던 모습 등 이루 다 말할 수 없는 사연들을 안고 우리들은 장수를 그리워할 수밖에 없습니다.

장수야! 이놈아, 장수할 거라고 호언장담하던 네가 제일 먼저 길 長이 아니라 짧을 短 단수를 하다니! 지금이라도 벌떡 일어나 슬픔에 가득 찬 우리들 앞에 홀연히 나타나야 진짜 장수가 아니더냐. 정녕 이제는 영영 너를 보지 못하는 거야!

장수야! 너와 나와 함께 이곳에 오셨던 우리의 스승님이시면서 우리나라 기연구의 대가이신 이원홍 총재님께서 너의 부모님과 형님 못자리에 기를 불어넣은 다음 네가 묻힐 곳에 오셔서는 혈중의 혈이 있는 명당 자리라고 놀라워하셨던 것을 아직도 기억하고 있겠지? 그러니 네가 누울 자리는 너의 영면을 보장하고, 너의 자손을 대대로 번창할 수 있도록 할 것이라고 나는 확신하네.

이제는 우리 모두 장수와의 만남과 인연을 아름다운 추억으로 마음속 깊이 간직할 때입니다. 장수야! 이 세상에서의 아픔과 고통, 기쁨과 환희 모두 다 내려놓고 안락과 평안이 함께하는 하늘나라에서 편히 쉬거라. 우리와의 좋은 추억은 하늘나라에서도 깊이 간직하고, 섭섭했던 마음일랑 있으면 모두 다 날려버려라. 이승의 사랑하던 아내와 은진이와 창식이는 우리가 잘 지켜보아 주마. 그럼, 하늘나라에서 편히 쉬시게.

( 2부 )

# 다이아몬드에서 무궁화로

어느 시점에 이때라는 생각과 함께 불시에 오른손으로 상대의 복부를 힘껏 가격했고, 억~하면서 고개를 숙이고 뒤로 물러서는 상대의 턱을 주먹으로 세차게 올려 치자 이번에는 뒤로 엉덩방아를 찧으면서 넘어졌다.

# 마을의 영웅으로 귀향

나는 병역 문제 등으로 1968년도에 다니던 대학을 휴학하고 서울 종로 일대에서 알바를 하다가 그해 겨울 임박하여 고향 한터로 내려왔다. 고향에 내려와 보니 소양강댐 수몰 지역에 대한 보상 문제로 마을 전체가 시끄러웠다. 이유인즉슨 마을 이장을 중심으로 한 마을의 일부 유지들과 일반 주민으로 나뉘어져서 땅 등급 판정 결과를 놓고 맞붙은 형국이었다. 당시 땅 등급은 5개 등급으로 분류하여 판정했는데 일부 유지들이 소유하고 있는 전답은 수확량이라든가 물 대기와 접근의 용이성 등을 고려할 때 분명 열악한 땅임에도 불구하고 1, 2등급을 받은 반면, 일반 주민이 소유하고 있는 전답 중 상당 부분이 양질의 땅임에도 불구하고 4, 5등급을 받았다는 것이었다.

당시 마을 주민의 대부분은 이 문제의 해결을 위해 그래도 배운 사람인 내가 발 벗고 나서 달라고 부탁해 왔다. 고향 한터에서 대농이랄 수 있는 우리 집도 당장 불공정 판정의 당사자가 되다 보니 울분을 참지 못하고 있는 처지여서 우선 그 실태부터 확인해 보기로 했다. 우리 집을 포함하여 몇몇 농가를 확인해 보니 어렵지 않게 땅 등급의 불공정 판정 결과를 확인할 수 있었다. 이는 당시 시골의 땅은 어느 집의 땅은 어떻고, 어느 집의 땅은 어떻다고 하는 것이 이미 너나 할 것 없이 모두가 잘 알고 있었기 때문이다. 거기에다가 땅 등급 판정관들이 이장 집에 머물면서 당시에 시골에서는 귀하디 귀한 양담배와 양주가 끊이지 않을 정도로 극진한 대접을 받아왔다는 점에서도 미루어 짐작할 수 있었다.

나는 곧바로 확인된 사실과 정황 등을 기초로 관련 기관에 제기할 진정서 초안을 작성하기에 이르렀다. 작성된 진정서를 갖고 북산면의 유일한 학교인 내평초등학교에 가서 줄판에 미농지를 대고 옮겨 쓴 후 등사기로 밀어서 10부 정도를 준비했다. 그러고 나서 마을 사람들을 마을 회관에 모이게 하여 진정서 내용을 설명했다. 회관에 모인 마을 사람들 모두가 "옳소!"라고 하며 적극 찬성 의지를 밝힘에 따라 연명부에 도장을 찍도록 안내했다. 이후 진정 내용을 해결해 줄 수 있을 것으로 판단되는 건설부 장관과 강원도 도지사를 비롯하여 강원도 경찰국장, 춘성군 군수, 춘성군 경찰서장 등에게 등기로 진정서를 발송했다. 추가해서 북산면장과 경찰 지서장에게도 참고로 보냈다.

하지만 아뿔싸! 나중에 알고 보니 면장과 지서장도 한패였다. 그것은 면장으로부터 진정서 내용을 전해 들은 우리 동네에 거주하는 부면장이 어느 새벽 일찍이 우리 집의 대문을 요란하게 두들기면서 고함을 지르는 바람에 모든 것이 밝혀졌다. 부면장은 대뜸 "용섭이, 이놈! 이 머리에 피도 마르지 않는 놈이 뭐 어쩌고저쩌고 해!"라고 하면서 "우리가 땅 등급을 조작했다고! 어서 나와서 말을 해보거라. 이놈아!"라고 하는 것이 아닌가? 이는 분명 진정서에 적혀 있는 내용을 두고 시비를 거는 것이었다. 그때만 해도 부면장은 마을의 유지로 우리 집과는 사이가 나쁘지 않은 터였고, 설마 하니 이장네와 같은 쪽인 줄은 정말 몰랐다. 어머니는 나를 나가지 못하게 하고 당신이 대문을 열어주시고는 부면장과 한참 동안 말씨름하시고 난 다음에도 분이 풀리지 않으셨던지 툇마루에 걸터앉으셔서 대성통곡하셨다. 아버지가 살아 생존해 계셨으면 감히 우리한테 그러지 못할 놈이 행패를 부리고 갔다고 서러워하셨다.

그리고 한참을 지나서 사관학교에 입교하기 직전에 강원도지사로부터 서신을 받았다. 도지사의 벌건 직인이 찍힌 서신 내용은 "귀하의 진정 내용의 사실 여부를 확인한 다음, 사실로 드러날 때는 땅 등급 판정을 다시 하겠다."라고 적시되어 있었다. 기쁘기가 그지없었다. 곧바로 집안의 형님들에게 강원도지사 서신을 알리고 뒷일을 신신당부한 후 나는 군에 입문하기 위해 장도에 올랐다. 교육을 한창 받고 있을 때 큰 형님이 면회를 오셨다. 큰 형님은 보상과 관련하여 저간의 상황을 말씀하시고 나서 동생 덕분에 우리 집이 받을 보상금이 애초 400여만 원에서 500여만 원 정도를 받을 수 있게 되었다면서, 동생이 애쓴 덕분에 늘어난 100만 원 중에서 50만 원을 동생 몫으로 적금을 들어 놓을 터이니 그리 알고 있으라고 말씀하셨다. 내 기억으로는 당시 50만 원이면 춘천에서 웬만한 집 한 채를 살 수 있었다.

나는 드디어 어려운 교육과정을 마치고 육군 소위로 임관하여 고향으로 돌아오게 되었다. 그런데 이게 어찌 된 일인가. 마을 사람들이 어떻게 알았는지 마을 어귀에는 나의 임관을 축하하고 귀향을 환영하는 현수막이 걸려 있었고, 만나는 사람마다 축하 인사와 더불어 보상을 더 받을 수 있도록 힘을 써준 것에 대하여 따뜻한 고마움을 표시했다. 부지불식간에 나는 임관 후에 주어지는 일주일간의 휴가를 이 집 저 집을 돌며 대접을 받는 영웅이 되어 있었다. 참으로 호랑이가 담배 피우던 시절에나 있을 법한 일이 일어난 것이다. 지금 돌이켜 생각하면 그 혼란한 시기에도 정의는 살아 있었음에 감사할 따름이다.

# 다이아몬드(diamond)의 치욕

'I am diamond you know I glow up(너도 알다시피 나는 다이아몬드처럼 빛나는 존재야)'. 세계적인 K-pop 그룹 방탄소년단의 노래 〈다이너마이트〉의 한 구절처럼 다이아몬드는 세상에서 가장 귀중한 보석의 대명사로 알려져 있다. 이 다이아몬드의 귀중함이 증명되는 계급사회가 있는데, 바로 군이다. 군의 장교가 되기 위해서는 무엇보다도 다이아몬드 형상의 소위 계급장을 먼저 달아야 한다. 그래야 나중에 장군도 될 수 있고, 함장도 될 수 있으며, 파일럿도 될 수 있다. 그러기에 오늘도 오만 촉광에 빛나는 다이아몬드, 소위 계급장을 달기 위해 각군사관학교와 학생중앙군사학교 등 장교 양성 교육기관에서는 사관생도들과 후보생들이 피와 땀과 눈물범벅이 된 채 극한의 강도 높은 교육훈련을 받기에 여념이 없는 것이다. 우선 이들의 숭고한 도전 정신에 아낌없는 격려와 찬사를 보낸다! 이와 같이 군이 필요로 하는 다이아몬드 형상을 한 소위 계급장의 상징성은 신성한 국토방위 임무를 최고의 가치로 삼고 근무하라는 의미를 담고 있다고 할 수 있다. 이렇듯 신성한 의무를 띠고 있는 소위(少尉 : 적을 少, 벼슬 尉, Second Lieutenant)는 군 내부에서도 용맹스럽고 담대하며 자신만만하고 두려움 없는 당당함과 씩씩함의 표상이기도 하다. 그러기에 매년 국가와 국민은 푸른 하늘에 날개를 활짝 펴고 임관하는 신임 소위들의 임관을 축하하고 그들의 장도를 기원하고 있는 것이 아니겠는가?

나도 그런 축하와 기원을 받으면서 장도에 올랐으니 그 기상과 기개가 처음에는 하늘을 찌를 듯했다. 내가 배치받은 첫 부임지는 서부전선을 방어하고 있는 보병 제1사단의 작전통제를 받는 보병 제97전투단 예하 전투지원중대 4.2인치 박격포 소대장이었다. 평소에는 교육훈련에 집중하다가 대침투작전에 투입되어 사격지원을 하기도 했는데 당시에는 임진강 해안경계 지역의 진지공사장에 파견되어 무반동총 진지를 구축하고 있었다. 우리 소대는 수용막사가 없어 공사장 인근에 천막을 쳐놓고 생활하다 보니 모든 것이 열악한 상태였다.

하루는 밤중에 분대장 두 명이 내게로 와서 보고하기를 배가 고파서 인근 민가에 들러 라면을 사 오다가 해안대대에 파견 나와 있는 보안부대원에게 적발되어 기합 받았다는 것이었다. 기합 받은 내용을 확인해 보니 너무 심했다. 군홧발로 정강이뼈를 걷어차여 두 명 모두 심할 정도의 상처가 났다. 나는 상처를 보자마자 분노가 치밀었다. 잘못된 일이 있으면 소대장에게 알려서 시정했어야 했다. 거기다가 그 보안부대원은 하사로서 우리 분대장들과 계급이 같았다. 물론 당시만 해도 보안부대의 위세가 높았던 때라 그 보안부대 하사는 해당 경계지역 중대장과 스스럼없이 농담하면서 만나는 경우가 많았고 대대장과도 필요할 때는 언제든지 만날 수 있는 처지가 되었다. 그렇다 보니 누구도 함부로 대하지 못하는 분위기였다. 나는 우선 야간에 경계지역을 이탈한 분대장들에게 야단을 치고 돌려보냈다.

다음 날 아침에 병력을 공사장에 내보내고 나서 해당 분대장 2명을 막사에 대기시킨 상태에서 예의 보안부대 하사에게 전화를 걸어 우리 소대 천막에서 만나기를 요청했다. 얼마 후에 빼질빼질하게 생긴 보안부대 하사가 약간 거만한 자세로 소대 천막에 모습을 나타냈다. 우선 나는 대기하고 있던 분대장들의 상처 부위를 보여주고 나서 우리 분대장들에게 사과하라고 다짜고짜로 요구했다. 나의 당돌한 자세와 요구에 처음에는 당황한 듯하더니만 이내 태도를 바꾸어 숙영지를 무단이탈한 분대장을 두둔하고 있다며 격하게 반발했다. 더구나 그러면서 말은 나에게 하면서 동시에 옆에 있는 분대장들을 주먹으로 툭툭 치면서 해볼 테면 해보라는 식으로 소대장인 나를 비웃고 있는 것이 아닌가. 참으로 치욕스러운 상황을 맞이하면서 분노가 머리끝까지 치솟았다. 순간 나는 '눈에는 눈, 이에는 이'라는 생각으로 상대의 허점을 노렸다. 어느 시점에 이때라는 생각과 함께 불시에 오른손으로 상대의 복부를 힘껏 가격했고, 억~하면서 고개를 숙이고 뒤로 물러서는 상대의 턱을 주먹으로 세차게 올려 치자 이번에는 뒤로 엉덩방아를 찧으면서 넘어졌다. 이어 코피를 흘리면서 잠시 후에 일어나더니만 나에게 덤벼드는 것을 옆에서 지켜보던 분대장들이 막아섰다. 이내 판세를 파악한 보안부대 하사는 나를 가만두지 않겠다는 식으로 발악하면서 돌아갔다.

당시 보안부대원의 위상을 고려하면 일어날 수 없는 일이 일어났다. 나는 공사 일정을 소화하면서 각오를 단단히 한가운데 다음에 닥쳐올 상황에 대비했다. 먼저 해안경계 담당 중대장과 우리 중대장에게 그간의 상황을 있는 그대로 보고했다. 그리고 이틀 후에 아니나 다를까, 보안부대에서 연대 보안반장실에 출두하라는 연락이 왔다. 처음 만난 보안반장은 노련해 보였다. 나를 어린아이 다루는 듯하면서 처음에는 다소 험악한 분위기였으나 그간의 정황을 듣고 나서 작성한 진술서를 접수한 이후에는 타이르듯 훈육하는 식으로 바뀌었다. 그러더니만 당연히 징계 절차를 밟아야겠지만 그동안 근무 성적을 고려하여 여기서 끝내는 것으로 할 터이니 앞으로는 절대 폭행하는 일이 있어서는 안 된다는 당부를 하고 나를 돌려보냈다.

　나중에 알고 보니 그 보안부대원은 해당 해안대대에서 평판이 좋지 않았고 그것을 알고 있는 연대 보안반에서도 이런 일이 있기 전에 교체하려고 했던 요원이어서 결국 얼마 후에는 실제로 연대 보안반으로 소환되었다는 이야기를 들었다. 그래서 그런지 이 사건을 알고 있었던 주변 간부들은 오히려 내가 속 시원하게 잘 처리했다고 격려하는 것이 아닌가? 거기에다가 정강이를 걷어 차인 우리 분대장들은 자신들의 잘못도 있다 보니 더 이상의 문제를 제기하지 않았고 나는 분대장들이 상처 부위를 잘 치료받을 수 있도록 여러 가지를 배려해 주었다. 이후 분대장들은 오히려 소대장을 고맙게 생각하고 잘 따르는 계기가 되었고 더 나아가 소대원들이 단합하는 모습을 보이기까지도 했다. 결국 나는 어찌 보면 다이아몬드 치욕의 순간을 잘 딛고 일어나 명예를 회복하게 되었고, 이 사건은 이후 나의 군 생활에도 두고두고 하나의 참고점이 되기도 했다.

# DMZ 회고

나는 1차 중대장을 30사단에서 마치고 OAC(Officer's Advanced Course : 고등군사반) 과정을 수료한 후에 2차 중대장 요원으로 6사단에 배치를 받았다. 최초에는 소총중대장으로 보직을 받아 진지 공사장에 투입되어 한창 작업하고 있는 와중에 다시 수색중대장으로 보직 변경되었으니 즉시 부임하라는 전갈을 받았다. 이유를 확인해 보니 전임 수색중대장이 사단 사격장에서 ATT(Army Training Test : 육군 훈련 시험) 측정을 받고 병력을 인솔하여 전방으로 귀대 중에 초소 통과 절차를 놓고 검문소 근무병력과 실랑이를 하다가 수색중대 병력이 총기를 발사하는 사건이 발생했고, 다음 날 아침 사건을 보고받은 사단장은 즉시 수색중대장의 보직 해임을 명하게 된 것이다.

마침 보직 해임된 전임 수색중대장은 나와는 동기생이어서 동병상련(同病相憐)을 느끼면서도 업무는 상세하게 인수할 수 있었다.

그러나 전방 DMZ(Demilitarized Zone : 비무장지대) 근무 경험이 없던 나로서는 각오를 단단히 해야만 했다. 당시 수색중대 막사는 제2땅굴로 가는 도로 부근에 자리하고 있었고 바로 토교 저수지가 건너편에 있었을 뿐 주변 일대는 이렇다 할 지형지물이 없는 적막하기가 이를 데가 없는 곳이었다. 내가 소속된 연대는 철책을 맡고 있는 부대가 아니어서 FEBA(Forward Edge of the Battle Area : 전투지역전단) 지역에 위치하여 주로 교육훈련에 전념하였고 우리 수색중대는 소속 연대를 떠나 철책을 맡고 있는 연대 예하 GOP(General Outpost : 일반전초) 대대의 작전통제 하에 DMZ 작전을 수행하고 있었다.

DMZ는 정전협정에 명시된 비무장지대로서 군사분계선을 중심으로 북으로 2㎞를 연하여 북방한계선을, 남으로 2㎞를 연하여 남방한계선을 각각 설치하여 운영하고 있다. 바로 수색중대의 작전은 군사분계선으로부터 남방한계선까지의 2㎞ 구간 내에서 주로 수색과 매복을 중심으로 작전을 수행하고 있었다. 이러한 DMZ 작전은 남방한계선을 연하여 설치된 철책에서 경계 근무하는 부대 및 병력과 긴밀한 협조와 지원으로 이루어졌다. DMZ 작전은 혹한 등 악천후일 경우를 제외하곤 연중 계속되었는데 야간에 이루어지는 매복은 작전병력이 EENT(End of Evening Nautical Twilight : 해상박명종) 이후에 투입되어 BMNT(Beginning of

Morning Nautical Twilight : 해상박명초) 이전에 철수 완료하는 등 기도비닉을 최우선으로 했다. 그러다 보니 작전병력은 매복 진지를 점령한 이후 대략 12시간 내외 동안 지근거리에서 송출되는 대남확성기 방송에 시달리면서 뼈까지 스며드는 혹한과 철원평야 지역의 극성스러운 모기의 공격에 맞서 사투를 벌이다가 나와야 했다.

그러함에도 불구하고 우리 수색중대원들은 소총중대원들보다 항상 사기가 높았다. 이는 우선 수색중대원의 경우에는 신원이 확실하고 신체적으로도 건강한 병사를 선발하는 경우가 많았고, 실제 지뢰가 매설되어 있는 등 위험요소가 산재한 지역에서 작전을 수행한다는 것에 대한 자부심이 남달랐으며, 또한 당시에는 전방 GP(Guard Post : 감시초소) 근무병력과 수색중대원들에 한하여 태극마크와 민정경찰 표지 부착을 의무화하고 있어서 이 또한 젊은 장병들에게는 자랑이 될 수 있었기 때문이 아닌가 싶었다.

그런가 하면 지금도 잊지 못하는 것은 내가 중대장 부임 후 일주일이 되어서 최초로 DMZ 수색작전에 투입되었을 때였다. 처음 비무장지대를 밟는 감회가 남달랐고, 특히 끝없이 펼쳐지는 갈대밭이 바람에 일렁이는 모습이 너무 아름다운 데다가 가끔 고목이 쓰러져 있는 모습이 어우러져 마치 나 자신이 원시림을 최초로 밟는 탐험가가 아닌가 하는 착각에 빠질 정도였다. 그도 그럴 것이, 당시는 판문점 도끼만행 사건(1976. 8. 18)이 발생한 직후여서 남북한 간의 긴장상태가 최고조에 달했던 시점이라 특별하게 다가오지 않았을까 하는 생각을 해본다.

DMZ가 미지의 땅이라서 그런지는 몰라도 긴장과 평화가 불연속성을 이루는 가운데 여러 가지 당혹스러운 일들을 겪어야 했다. 예를 들어 하루는 갑자기 우리 연대장님으로부터 전화가 와서 받아보니 "수색중대장! 너는 소대장들을 어떻게 교육을 했길래 이 모양이야. 철저히 교육하고 결과 보고해!"라고 하면서 노발대발하셨다. 연대 정보주임을 통해 확인해 보니 당시 연대급에서는 사진반을 운영하면서 장병들의 기념사진 촬영을 지원하고 있었는데, 우리 연대장님은 장병들의 이모저모를 살펴보기 위해서 가끔 인화된 사진을 확인 점검하기도 했다. 이런 점검 과정 중에 우리 소대장 중의 한 명이 엄청나게 큰 구렁이를 목에 감고 자랑스럽게 웃고 있는 모습을 보게 된 것이다. 확인해 보니 수색작전을 끝마치고 복귀하던 중에 구렁이를 발견하여 즉시 포획한 상태에서 소대장은 구렁이가 몸에 좋다는 이야기를 확신한 나머지 소대원들도 모르게 솥단지에 구렁이를 집어넣고 밤새 고아서 울어 낸 구렁이탕을 그 다음 날 아침부터 몇 번에 걸쳐서 혼자 내리 마셨다고 했다. 결과는 이내 설사를 계속해서 몸이 수척하기에 이르기까지 했다. 그 소대장은 연대 징계에 넘겨져 견책을 받았다. 중대장으로서 책임을 통감하지 않을 수 없었다.

지금의 DMZ는 말할 것도 없겠지만 그때 역시 DMZ는 동식물의 보고였다. 6·25 전쟁이 할퀴고 간 전흔이 여기저기서 가끔 보이는 가운데 울창한 수림과 맑고 구슬 같은 계곡물 그리고 끝없는 갈대밭과 흐드러지게 피어있는 야생화 등이 어우러져 있을 뿐만 아니라, 노루와 고라니, 멧돼지 등이 자유스럽게 노니는 곳이 바로 DMZ다. 특히 노루는 철원 지역에서는 자주 맞닥뜨릴 때가 있는데 긴장 속에서 수색작전을 하다가 갑자기 노루가 튀어나올 때 반사적으로 총구를 지향하고 방아쇠를 당기다 보면 노루가 벌떡 나가 자빠지는 일도 발생했다. DMZ 내에서의 사격은 곧 적 출현 상황으로 인식할 수 있어 매우 민감하므로 책임 문제가 뒤따르는 경우가 많았다. 나는 그래서 정당한 사유가 인정되면 노루를 잡아 오더라도 책임을 묻지 않는 대신 반드시 중대장에게 보고하도록 했다. 보고를 받은 나는 전 중대원들이 보는 가운데 중대장이 소지하고 있는 45구경 권총을 빼 들어 다시 한번 노루 머리를 정조준하여 확인 사살한 연후에 노루를 처리하도록 함으로써 노루를 잡으면 좋지 않은 일이 일어난다는 징크스를 깨 버리는 데 신경을 쓰기도 했다.

또한 중대 막사 바로 맞은편에 있는 토교 저수지는 신철원 8경의 하나로 지정이 될 정도로 주변 경관이 빼어났고 두루미 등이 월동하는 철새 도래지로도 유명하였다. 이 저수지는 저수량도 1,500만 톤에 이르렀는데 하도 고기가 많아 고기 반, 물 반이라는 말이 있을 정도였다. 나는 중대에서 체육대회 등 특별한 행사가 있으면 중대장 허락하에 그물을 쳐서 고기를 잡도록 했다. 저녁에 그물을 쳐놓고 다음 날 아침에 그물을 거두면 얼추 양동이 두 통이 넘는 다양한 어종의 고기를 잡을 수 있었다. 당시만 해도 부식의 질이나 양면에서 만족할 만한 수준은 아니었고, 병사들은 대부분 먹보여서 엄청나게 먹었다. 그러다 보니 양동이 두 통이 넘는 민물고기는 병사들의 영양 보충원이 되었고, 사기진작에 큰 도움이 되기도 했다.

DMZ에서의 수색중대장 1년은 민족분단의 애환과 냉혹한 현실을 현장에서 통곡하는 심정으로 체험했던 기간이 아닌가 싶다. 그렇기 때문에도 근무하는 동안에는 나름대로 열정과 희망을 안고 매일매일 성실하게 최선을 다했던 것으로 기억된다. 더구나 내가 중대원들과 함께 그렇게 넘나들면서 작전을 펼쳤던 DMZ가 오늘날 자연생태 서식지의 보고로 주목을 받고 있다는 것은 통일 한국의 시대를 열어가는 길목에서 반가운 소식이 아닐 수 없다. 이는 역사의 현장이 자연 보고로 탈바꿈하여 존재한다는 자체만으로도 유의미하고 신선하다는 느낌이 든다. 부디 DMZ라는 동족상잔의 상흔을 딛고 일어나 DMZ가 오롯이 인류 공동의 자연 생태계 서식지의 보고로 거듭 태어남은 물론, 이를 계기로 한반도 분쟁이 근원적으로 치유되는 역사가 일어나기를 소원해 본다.

---

* 덧붙이는 말 : 중대장 보직 만료가 다 되었던 전임 중대장은 실제로는 보직 해임이 되었지만 그동안의 근무 공적을 인정하여 행정적으로는 중대장 보직을 정상적으로 마친 것으로 기록함에 따라 전임 중대장과 나는 그해에 같이 소령으로 진급되는 기쁨을 누렸다. 아울러 지금도 DMZ에서 오직 우국충정의 심정으로 경계근무에 헌신하고 있는 장병들의 노고에 경의를 표해 마지않는다.

## 골목대장감을 찾아라!

1980년대에 육군에서 군 생활을 했던 사람이라면 분대장 교육의 광풍을 기억하는 분들이 많이 계실 것으로 본다. 당시 육군참모총장이 분대장 교육의 전면 개편을 몰고 왔다. 배경은 우리 군에서 병사들과 매일 접촉하는 분대장의 자질과 능력 여하에 따라 군의 전투력이 결정된다는 논리에서 출발했다. 이를 위해 모름지기 골목대장의 기질을 갖추고 있는 병사를 선발하여 일정 기간 소정의 교육과정을 거쳐 분대장(병장)으로 임명하는 식으로 제도가 바뀌었다. 그 이전만 하더라도 육군의 각 야전군에 하사관학교(부사관학교의 전신)를 두고 여기서 약 18주 내외의 교육을 시행한 후에 하사로 임용(임관)하여 야전에 보내면, 야전에서는 이들을 분대장 요원으로 활용해 왔었다. 육군의 분대장 양성제도가 바뀜에 따라 분대장 계급은 하사에서 병장으로 하향 조정되었고, 교육 기간은 18주에서 6주로 대폭 축소되었으며, 분대장 교육의 주체도 하사관학교에서 각 사단의 분대장 교육대로 이관되었다.

보병 병과의 정보 주특기인 나는 대부분의 정보 병과나 정보 주특기 소지자들이 그렇듯이 일반대대 대대장으로 보직 받지 못하고 11사단 9연대 4대대(기간) 대대장으로 보직을 받았다. 얼마 후에 육본의 사단별 분대장 교육대 운영 지시에 따라 11사단에서는 분대장 교육대 임무 부여를 검토하면서 당시 사단 신병교육대와 간부 교육대 임무를 수행하는 기간대대를 제외하다 보니 자연히 우리 대대에 분대장 교육의 임무가 주어졌다. 이때부터 나는 사단 전체 분대장 요원 양성을 위한 교육체계를 수립하고 이를 실천하기 위한 준비로 눈코 뜰 사이 없이 바쁜 나날을 보내기 시작했다. 더욱이 우리 대대가 제1야전군의 분대장 교육 시범 대대로 지정됨에 따라 교육시설 개보수는 물론 교과목별 교육장 신설 및 보수에 총력을 기울여 나갔다. 여기에 더하여 육군참모총장을 비롯한 육군 예하 주요 지휘관 및 참모가 대거 참석한 가운데 교육제도 설명과 시설 견학이 이루어져 상당 기간 우리 부대는 방문객들로 문전성시를 이루기도 했다. 결국 시범과 견학 모두 성공리에 끝마친 이후에 분대장 교육은 정상궤도에 진입하였고 새로운 교육 체계하에서 정착되어 갔다.

이전처럼 부사관학교 출신이 아닌 병사 중에서 골목대장감을 선발하여 사단별 분대장 교육대에서 소정의 교육과정을 거쳐 분대장으로 임명, 활용하는 제도는 여러 가지 면에서 극복하고 넘어가야 할 문제도 있었지만, 긍정적인 측면도 많았다. 우선 골목대장감을 찾을 수만 있다면 이보다 더 좋은 방법은 없을 것으로 생각되었다. 왜냐하면 조직 내에서 자연발생적으로 생성된 위계질서만큼 탄탄한 것은 없기 때문이다. 가장 중요한 기본 자질에다가 분대장으로서의 추가적인 구비 조건을, 교육을 통해서 갖추기만 하면 훌륭한 분대장으로 거듭 태어날 수 있었다. 그런데다가 소정의 교육을 마친 후에는 원래 소속 부대로 복귀함에 따라 분대원들 사이에 이질감이 없어져 쉽게 화합을 이룰 수 있다는 장점이 있었다. 특히 개병제하에서 군 생활을 통하여 많은 병사가 리더쉽을 몸소 터득할 기회를 얻는 것은 장기적으로는 국가발전을 위한 큰 원동력이 될 수 있어 매우 유의미하기도 했다.

개인적으로는 기간 대대장을 했음에도 불구하고 대대장 재임 기간에 수많은 장군의 방문을 받았을 뿐만 아니라 일반 대대장들은 따라올 수 없을 정도로 많은 격려와 찬사를 받기도 해서 너무나 감사한 마음을 금할 수가 없었다. 언제 어디서나 자신에게 주어진 일에 최선을 다하다 보면 좋은 결실을 볼 수 있다는 교훈을 다시 한번 되새기게 되었다.

그리고 분대장 교육대장으로서 어떠한 분대장이어야 하는가?라는 명제를 안고 고민할 때 가장 바람직한 분대장상(像)으로 떠올랐던 인물은 뭐니 뭐니 해도 2차 세계대전을 배경으로 한 전쟁드라마 〈combat〉의 주인공 빅 모로(Vic Morro) 중사였다. 〈combat〉는 미국 보병부대가 유럽전선에서 활약하는 에피소드로서 한 시간 분량으로 총 152편이 방영되었는데 국내에서는 KBS에서 인기리에 방영되어 전쟁드라마의 대명사로 인식되었다. 시대와 나라를 초월하여 분대장상을 훌륭히 수행했던 인물이어서 나는 분대장 후보생들에게 교육 기간에 이 드라마 한두 편 정도를 꼭 보여주기도 했다. 아무쪼록 우리나라 분대장들도 빅 모로와 같은 분대장들이 다 되어 이 시대 모두로부터 환호받는 세계 최고의 주인공들이 되기를 기원해 본다.

# 국방대학교를 세 번이나

국방대학교는 6 · 25 전쟁 중에 구상하고 있다가 1955년 8월 15일에 창설되어 국방 · 안보 분야의 전문 인력을 양성하고 정책을 개발하고 있는 대한민국 최고의 안보 교육 및 연구 기관이다. 지금은 2017년에 충남 논산의 황산벌로 이전하여 자리 잡고 있지만 그 이전에는 경기 고양시 수색에 위치하여 오랫동안 국방 인재를 키워왔었다. 한때는 국방대학원(전신 국방대학교)에 입교할 수 있는 자격 요건을 갖춘 장교들 간에 인기가 높아 치열한 경쟁을 치러야 했다. 내가 국방대학원에 인연을 맺게 된 것은 수도군단 작전장교로 열심히 근무하던 중에 보병 제32사단장을 끝마치고 수도군단 부군단장으로 보임된 유 장군님이 얼마 안 있어 국방대학원 학생으로 입교 명령을 받으면서 시작되었다.

유 장군님은 학생 신분으로 국방대학원에 입교했지만, 육군 차원에서 수행 요원으로 소령급 장교와 행정병 각 1명을 딸려 보내는 편의를 봐주고 있었다. 당시 국방대학원 과정은 학위과정을 별개로 하면 크게 안전보장 과정과 관리 과정 그리고 전략 과정 등 3개 과정으로 나누어 운영되었는데, 학생회 조직을 중심으로 각 과정은 장군급으로 학생장을 두고, 전체 학생회는 육군 소장급이 학생회장이 되어 자치 통제하고 있었다. 바로 이 학생회장직을 유 장군님이 맡게 되어 학교 측과의 협조는 물론, 과정별 50여 명씩 총 150여 명의 학생을 통제하는 역할을 수행하게 된 것이다. 이에 따라 유 장군님은 소령급 수행 요원으로 몇 명의 대상자를 면접한 후에 나를 지목하였고, 이로써 나는 국방대학원과 인연을 맺게 된 것이다. 소령급 수행 요원(보좌관으로 통칭)이 하는 임무는 주로 교육 기간 중 유 장군님의 지시를 받아 논문 1편과 분임토의 자료와 리포트를 작성하여 보고하는 일이 주류를 이루었다. 이러다 보니 모든 강의 내용의 맥락을 파악해야 리포트를 작성할 수가 있기 때문에 나는 학생들과 똑같이 강의를 처음부터 끝까지 들어야 했다. 그러나 나는 정규 학생 신분이 아니어서 강의실에서 강의를 듣지 못하고 빔프로젝터 등을 운영하는 2층 기계실에 올라가서 강의를 들어야만 했다.

당시 학생 분포는 국방대학원이다 보니 주로 육·해·공군 대령급 장교들이 주축을 이루는 가운데 일부 중령급 장교들도 포함되었고, 정부 부처에서는 이사관, 부이사관, 서기관급 공무원과 검사 및 경무관, 그리고 국영기업체와 언론사 등의 일부 간부들로 구성되었다. 대략 현역이 3분의 2를 차지하였고 나머지 3분의 1이 비현역이었다. 교육 내용은 국내 분야의 정치, 경제, 사회, 문화 등 전 영역을 망라하였고 국제분야는 육대주로 나누어 대륙별로 집중 탐방 및 연구를 하였다. 그리고 마지막에는 국내 및 해외 시찰을 통하여 견문을 넓히는 방식으로 진행되었다. 교수진은 내부와 외부 교수진으로 구성되어 있었고 내부 교수진을 중심으로 학과 과정이 운영되는 가운데 외부 교수진은 주로 정부 부처장차관급이나 사회 저명한 교수나 전문가를 초청하여 보충 운영하는 형태를 갖추고 있었다.

국방대학원 청강생 생활은 실무부대 근무를 통해 얻는 경험 이상의 이점이 있었다고 생각된다. 우선 장군을 모실 수 있는 경험을 한다는 것이 군 생활을 해나가는 데 있어 나름 크게 도움이 되었다. 더하여 고급장교들을 대상으로 한 강의를 비록 기계실이지만 직접 청강하고 관련 리포트를 계속 작성하다 보니 나도 모르게 광범위한 지식을 습득하는 계기가 되었다. 특히 논문을 작성할 기회가 주어져 향후 나의 석·박사 학위 논문 작성에 결정적인 도움을 주기도 했다. 이때 나는 대령이 되면 가장 먼저 국방대학원에 들어와야겠다는 결심을 하게 된다.

내가 결심한 대로 대령 진급을 하고 난 바로 다음 해에 나는 감사하게도 국방대학원에 정식 학생으로 들어올 수 있었다. 모든 것이 꿈만 같았다. 고향에 다시 돌아온 느낌이었다. 그동안 10여 년의 세월이 흘렀지만 교과과정은 크게 바뀌지 않았고 교직원들도 알만한 분은 알고 있어서 모든 것이 친숙하게 느껴졌다. 돌이켜보면 국방대학원 생활은 내 군 생활의 풍성함을 더해 주었고 특히 마지막 유럽 지역 해외 시찰은 잊지 못할 추억이 되었다. 국방대학원을 우수하게 졸업한 후에는 수도권 지역에서 연대장을 끝마치고 다시 인도 국방대학원에 갈 수 있었으니 아무래도 나는 운이 좋았던 것 같았다.

결국 나는 국방대학원 과정만 해서 인도를 포함하여 세 번이나 다닌 전무후무한 이력을 갖게 되었다. 두 번에 걸친 국내에서의 국방대학원 과정 경험은 인도 국방대학원 과정에 쉽게 적응할 수 있는 발판을 제공하였고 이에 따라 주도적인 학생활동에 참여할 수 있는 계기가 되기도 했다. 이러한 활동은 결과적으로 한국을 널리 알리는 선린 외교활동에도 기여하고 국익을 도모하는 데에도 도움이 되었다고 자부한다. 다시 한번 나에게 좋은 교육과정 이수와 국위를 선양할 기회를 준 조국 대한민국에 감사드린다.

# 대령 진급

예로부터 군에서 대령으로 진급하면 성공했고, 장군으로 진급하면 출세했다는 이야기가 있다. 그만큼 대령으로 진급하기가 어렵다는 것을 상징적으로 표현한 말이 아닌가 싶다. 군에서 대령하면, 육군의 경우에는 연대장, 공군은 전대장, 해군은 대형 함장에 각각 보임을 받게 된다.

나는 제1야전군 사령부 정보처(G-2) 연합 정보종합 상황실(Combined All-Source Intelligence Center : CASIC)의 실장을 하다가 대령으로 진급하였다. 당시 대령 진급에 대한 열망은 그 어느 때보다도 높았다. 왜냐하면 이전까지만 해도 대령급 장교에게는 운전병이 딸린 차량(jeep)이 제공되었으나 병력과 장비 감축의 하나로 차량 운영비(30만 원)만을 지원하는 것으로 바뀌었다. 그런데 당시 30만 원이면 중형 승용차를 융자받아 구매한 후에 원금과 이자를 내고 차량 유지비를 충당하고도 여유가 있을 정도였다.

그러다 보니 대령 진급을 앞둔 중령들에게는 중형 승용차로 출퇴근하는 대령들이 여유롭고 신선해 보이기까지 했다.

예의 연합 정보종합 상황실(Combined All-Source Intelligence Center : CASIC)에서는 한미 연합 정보수집 자산이 수집한 특수정보(SI)를 포함한 전출처정보를 수집, 분석, 평가하고 적시에 관련 부대에 전파하는 기능을 수행하면서 이 가운데 지휘에 참고될 만한 중요한 정보는 군사령관과 주요 참모들에게 매일, 주기적으로 또는 필요시에는 수시로 보고하곤 했다. 여기는 한국군과 미군이 일대일로 짝을 지어 근무하는 체제를 유지하고 있어 언제든지 관련 정보를 공유하고 있는 가운데 토의할 수 있는 여건이 갖춰져 있었다.

따라서 나는 매일 새벽에 출근해서 간밤에 전 출처로부터 수집된 정보를 분석하고 평가해서 종합한 다음, 중요한 정보를 선별하여 블랙북(Black Book : 정보보고서)에 담아 정보처장을 거쳐 군사령관에게 보고하는 업무를 수행했다. 그리고 주말에는 군사령관과 장군 참모들만을 모시고 CASIC 회의실에서 일주일간에 있었던 주요 정보와 관심 분야 그리고 북한의 예상 활동 등을 종합해서 보고하였고, 이어 군사령관이 주재하여 참모회의가 진행되었다.

이날도 주말이라서 주간 정보 보고를 군사령관에게 마치고, 이어 군사령관이 회의 주재하기를 모두 기다리고 있던 순간이었다. 군사령관이 갑자기 회전의자를 돌려 심각한 표정으로 참모들을 둘러보면서 "내가 수수께끼를 하나 낼 테니 한번 맞춰 봐."라고 운을 뗀 다음 "여기에 제법 큰 연못이 하나 있는데 이 연못 안에는 실제 금으로 만든 월척이 넘는 금붕어 한 마리가 있단 말이야." 이어 사령관은 "이 금붕어를 잡기만 하면 일확천금으로 횡재할 수 있는 절호의 기회가 주어졌는데 문제는 어떻게 하면 이 금붕어를 확실하게 잡을 수 있느냐지. 누가 그 방법을 말해 봐. 예를 들어 낚시해서 잡을 수도 있고 말이야." 잠시 후에 사령관은 주위를 다시 한번 둘러보더니만 "가만있자, 장군 참모들은 나중에 답변하기로 하고 그전에 방금 브리핑을 잘한 CASIC 실장이 먼저 답변해 봐."라고 하는 것이 아닌가? 나는 갑자기 머릿속이 하얘졌다. 절체절명의 순간이었다. 이 답변을 어떻게 하느냐에 따라 올해 대령 진급을 하느냐, 못 하느냐가 달려있다고 해도 과언이 아닌 듯싶었다. 나는 잠시 후에 "금붕어를 확실하게 잡을 방법은 여러 가지가 있습니다만…."이라고 뜸을 들이자, 군사령관은 이내 "그래, 여러 가지 방법이 있지, 그중에 가장 확실한 방법이 뭐야?"라면서 답변을 다그쳤다. 나는 순간적인 찰나에 기도한 후에 이어 "연못에 있는 물을 완전히 빼내거나 퍼낸 다음 잡는 방법입니다." 군사령관은 갑자기 주먹으로 회의용 탁자를 "쾅" 소리가 나도록 치면서 "역시 대령으로 진급될 자격이 있구먼!"이라고 하더니만 바로 그 자리에서 곧바로 연못에 있는 금붕어를 꼼짝달싹 못 하게 포획하는 것과 마찬가지로 제4땅굴을 확실하게 찾을 수 있는 바둑판식 정밀 수색 정찰의 필요성을 강조하고 이를 위한 계획 수립을 지시했다.

이때부터 제1야전군 사령부 예하 전 부대는 남방한계선으로부터 민통선 이북 지역을 바둑판식으로 쪼갠 다음, 부대별 책임 지역을 할당하고 정밀 수색 정찰을 대대적으로 실시하기에 이르렀고, 마침내 2년이 안 된 시점인 1990년 3월 3일 양구 동북방 26km 지점 비무장지대 안에서 제4땅굴을 발견하게 된다. 더불어 나는 그해 진급 심사에서 고대하던 대령으로 진급할 수 있었다. 물론 "대령으로 진급될 자격이 있다."라는 군사령관의 말 한마디에 전적으로 진급된 것은 아니겠지만, 당시 현장에는 부사령관을 비롯하여 참모장과 인사처장도 함께 자리하고 있었고, 더구나 군사령관의 말 한마디가 천금 같던 시절이어서 나의 진급에 상당한 영향을 줄 수도 있었겠다는 생각을 해본다. 돌이켜보면 진급이라는 것도 최선을 다해 열심히 근무한 연후에야 운이 따를 수 있다는 말을 되새겨본다. 이름하여 '진인사(盡人事) 대천명(待天命)'이라!

# 한국 소개(Korea Presentation)

수도권에서 연대장을 끝마치면 무엇을 할 것인가를 고심한 끝에 얻은 결론은 외국에 나가서 견문을 넓히는 것이 좋겠다는 것이었다. 당시 대령급이 갈 수 있는 곳으로는 미국, 영국, 캐나다, 인도 등의 국방대학원 과정이 있었다. 각 군이 차례차례 돌아가면서 매년 또는 격년제로 학생을 선발하여 1~2년간 해당 교육과정에 교육을 보내고 있었다. 당시 내 생각으로는 인도는 세계 문명 발상지의 하나이고 영어권이면서도 파키스탄과의 분쟁이 끊이지 않는 국가로서 우리나라와도 인연이 깊은 나라라는 점에서 호감을 느끼고 있었다. 거기에다가 일단은 다소 경쟁이 수월한 인도를 택하는 것이 낫겠다는 생각도 한몫하게 되어 지원했는데 다행히 선발되었다는 통보를 받았다.

외국에 나가서 1년 이상 공부하는 처지에서 보면 가족과 함께 가는 것이 좋다는 주변의 이야기를 듣고 아내와 막내딸을 데리고 가기로 했다. 마침, 출국 전에 인도 주재 한국 무관과 소통하면서 숙소 문제도 어느 정도 해결하게 되었다. 그리고 나보다 1개 기수 후배인 전임 교육생 최OO 대령이 귀국했다는 소식을 듣고 직접 만나 이것저것 궁금한 것을 확인 점검한 후에야 적이 안심되었다.

뉴델리 국제공항에 도착을 해보니 기대했던 것 이상으로 황량하다는 느낌을 떨쳐버릴 수 없었다. 공항에는 무관이 나와 안내하다 보니 숙소까지 편하게 올 수 있었으나, 역시 거리의 풍경은 낯설어 보였다. 우리 가족이 거주할 숙소는 뉴델리의 상류층 주택가가 위치하는 SHANTI NIKETAN[1]의 월셋집으로서, 전임 교육생이 사용했던 곳을 그대로 이어 받기로 했다.

인도는 1757년 영국이 플라시(Plassey) 전투[2] 승리로 무굴제국을 무너뜨리고 인도에 대한 통치권을 행사한 이래 인도가 1947년 독립을 할 때까지 약 200년 가까이 영국의 지배를 받아왔다. 이 때문에 오늘날 인도에는 영국의 문물이 그대로 존속되어 운영되는 경우가 많은데 인도 국방대학원 과정 또한 그렇다. 영국의 왕립국방대학원(Royal College of Defence Studies) 제도를 그대로 적용하여 운영하고 있어 교육과정 내내 귀족적인 분위기가 곳곳에 배어있는 듯하였다.

---

1) 남부 델리에 자리 잡고 있으며, 각국 외교관 공관과 기업인 숙소가 밀집되어 있음.
2) 1757년 영국군과 프랑스, 토후 연합군과의 싸움으로, 이 전투를 통해 인도에서 영국의 우위가 확정되었고 세계 지배의 기초가 확립됨.

교육 기간 중 동문수학할 교육생은 전부 70명으로 인도 육·해·공군 및 해병대 준장과 대령급 장교 37명과 인도 중앙부처 또는 국영업체 국장급 15명 그리고 나처럼 외국군 장교가 18명으로 구성되어 있었다. 이는 우리나라 국방대학원 과정과 대동소이하였고 교육 내용 역시 세계 정치, 경제, 사회, 문화 등 주요 분야를 망라한 가운데 주요 분쟁 지역과 세계가 당면하고 있는 주요 이슈를 집중적으로 연구하는가 하면 특히 인도의 지정학적인 위치를 고려하여서 서남아시아 지역에 대한 현안을 다루기도 하였다. 교육 진행은 주로 장, 차관급과 해당 분야 전문가 등을 초청하여 강의를 들은 후에 질문과 토의가 이어졌는데 수업 분위기는 진지하였다.

교육과정 중에는 외국군 학생들에게 자국을 소개하는 기회가 주어졌는데 이는 외국군 학생의 관점에서 보면 대단히 중요한 이벤트 중의 하나라고 볼 수 있었다. 왜냐하면 그 시간에는 대학원장을 포함하여 관심 있는 교수진과 학생 전원, 그리고 가족까지도 참석하여 경청함은 물론, 자국의 이미지가 본인의 소개 내용에 따라 크게 달라질 수도 있기 때문이었다. 나는 앞서 발표한 학생들의 소개 내용이 다소 형식적이고 무거운 분위기였다고 보고 상대적으로 흥미롭고 재미있는 분위기를 연출하는 데 집중하기로 했다.

우선 나의 후원자인 인도 육군의 Mehta 준장의 지원을 받아 소개 내용의 일부를 인도식 표현으로 바꾼 다음, 계속 연습을 거듭하였다. 이어 한국 소개를 홍보하는 포스터를 손으로 그려 국방대학원 학생관사 지역 내 가족들의 왕래가 잦은 주요 장소에 부착하여 분위기를 띄워놓았다. 그리고 한국 소개 하루 전에는 한국관광공사에서 발행한 한국 홍보용 책자와 함께 대전 엑스포 '93을 기념하는 우표 책자를 사전에 확보하여 교수진과 학생들 개인 사물함에 모두 넣어 주는 등의 세심한 배려를 했다.

당일 소개 시에는 나는 우리나라의 전통의상을 소개할 겸 해서 인도 주재 무관의 도움을 받아 한복과 사모관대를 착용하고 입장하다 보니, 처음부터 환호하는 분위기가 조성되기에 이르렀다. 또한 앞서 실시한 외국인 학생들 소개와는 달리 기본 빔프로젝터 외에 보조 빔프로젝터를 추가로 설치하여 전면 스크린 3개를 동시에 비출 수 있도록 한 상태에서 입체적인 느낌이 나도록 빔을 바꿔가며 설명한 덕분에 모두가 긴장한 가운데 끝까지 경청하는 효과를 거두기도 하였다.

중점 소개 내용은 한국과 인도는 예로부터도 가락국 수로왕과 아유타국 공주 허황옥과의 혼인이 이루어져 이들 자손이 한국에 뿌리를 내리고 있는 가운데 2차 대전 이후에는 함께 신생 독립국으로 선린우호 관계를 계속 유지하고 있고, 6·25 전쟁 시에는 인도가 한국에 의료지원 부대를 파견하여 한국의 육군 병원 지원과 민간인 치료 활동에 적극 참여했다는 사실 등을 부각하였다. 이어 한국의 통일정책과 북한의 대남 도발 실태를 현장감 있게 소개하였고 한국의 민주화와 산업화 과정 및 성과에 대해 예시를 들어 설명했다. 최근에는 인도가 한국 주력산업의 핵심시장이자 생산 거점으로 부상함에 따라, 한국과 인도의 상생발전은 필연적이라는 점을 강조했다.

기본적인 소개가 끝난 이후 장기자랑의 하나로 당시 뉴델리 소재 영국인 학교(British School)에 다니는 막내딸의 바이올린 반주에 맞춰 아내와 내가 듀엣으로 사전에 배포한 'Amazing Grace'와 '아리랑' 악보에 따라 노래를 부르면서 참석인원 모두에게 함께 따라 부를 것을 권유했다. 처음에는 다소 멋쩍어하더니만 이내 주저함이 없이 모두가 의자에서 일어나 힘차게 합창하는 장관이 연출되기도 하였다. 마지막 '아리랑'을 부를 때는 정말 벅찬 느낌을 주체할 수 없을 정도였다. 그리고 딸과 아내가 입은 한복이 이처럼 고와 보일 때가 없었다.

이어 국방대학원장의 총평에서 Kulkarni 공군 중장은 "제가 36년간의 군 생활을 통하여 수많은 보고를 받아왔지만, 이렇게 훌륭한 브리핑은 처음입니다. 단연 최고입니다."라고 극찬하면서 오늘날 한국이 눈부시게 발전한 배경에는 한국 국민의 근면 성실함과 엄청난 노력이 뒷받침되었기 때문이었다는 평가를 해주었다. 이런 평가와 더불어 무엇보다도 교육 기간 중 자랑스럽게 생각했던 것은 경제발전의 모델로 국가를 언급할 때 거의 예외 없이 한국이 거명되었다는 점이다. 특히 나와는 가장 친했던 아랍에미레이트의 Mussabah 육군 대령은 경제발전과 관련하여 어느 강사나 어느 기관을 막론하고 한국을 자주 언급하고 있다고 불평하면서 자기 나라의 아부다비나 두바이를 한번 가보라는 말을 자주 하기도 했다. 이렇게 한국을 다소 시기하는 이야기를 들을 때면 괜스레 기분이 좋아지고 어깨가 으쓱하기 일쑤였다.

공식적인 소개가 끝난 후에는 주로 간단한 다과와 음료를 마시면서 친교를 나누는 시간을 가졌는데 이때 자국의 전통 다과와 음료를 준비하여 대접하는 경우가 많았다. 우리 내외는 무관 내외와 인도인 목사님 내외분의 도움을 받아서 식혜, 수정과, 인삼차 그리고 김치와 김밥 등을 준비하여 식당에 내어놓았다. 그런데 소개하는 시간에 인삼차가 남자에게는 정력에 좋고, 여자에게는 미용 효과가 있다고 이야기해서인지 인삼차를 제공하는 부스에는 길게 줄을 서서 기다리는 모습이 오랫동안 이어지기도 했다. 준비해 간 모든 음식은 순식간에 동이 났고, 특히 그중에서도 목사님 사모가 땀 흘려가며 담근 겉절이김치는 단연 인기가 제일 높았다.

다음 날 아침 대학원에 가니 난리가 났다! 만나는 사람마다 "진심으로 축하한다." "역대 국방대학원장이 그렇게 칭찬하는 경우는 거의 없었다." "영어 발음이 언제 그렇게 좋아졌나." 등 어제 한국 소개와 관련된 이야기들이 끝없이 이어졌다. 나는 다소 황당한 면도 없지 않았으나 내심으로는 모든 사람의 이야기들을 즐기고 있는 듯했다. 일단의 소란을 뒤로하고 이번에는 내 사물함에 가보니 이게 웬일인가? 제법 큰 사물함이 우편물과 선물 등으로 꽉 차고 넘쳐서 위 선반에도 가득 채워져 있는 것이 아닌가? 이날은 하루 종일 즐거운 시간이었다.

이렇게 해서 나의 한국 소개(Korea Presentation)는 뉴델리에 있는 인도 국방대학원이라는 커뮤니티 내에서는 상당 기간 화젯거리가 되었고 한국이라는 분단된 작은 나라와 이 나라의 육군 대령 정용섭을 각인하는 계기가 되었다. 애국심의 발로다!

# 함상(艦上)에서 막춤을!

인도 국방대학원에 입교한 지도 3개월을 넘겼을 때쯤이다. 한국 소개(Korea Presentation)를 계기로 나에 대한 인지도는 훨씬 높아졌지만 늘 부족하다고 느끼는 것이 있었는데 그것은 다름 아닌 영어 소통 능력이었다. 인도에 오기 전에 나는 중령으로 진급한 직후에 전략정보 과정의 일환으로 6개월간 장교영어 과정을 원어민과 숙식을 같이 하면서 집중적으로 교육받은 바 있었고, 인도에 오기 직전 3개월간은 유학장교반에서 영어를 공부한 바가 있었다. 그럼에도 일상생활에서의 일반적인 소통은 몰라도 강의 내용을 완벽하게 이해한 상태에서 강의 후 강사 또는 학생들과 치열한 토의에 참여하기에는 영어 실력이 턱없이 부족한 듯싶었다.

여기에다가 인도 영어의 기본 틀은 영국식 영어이지만 현지화를 거쳐 실제 영국 영어와는 일부 어휘와 문법, 특히 발음에서 차이가 크게 났다. 그러다 보니 기본적으로 영어 이해 및 구사능력이 부족한데다가 인도 영어라는 또 다른 장벽을 넘어야 하는 이중고를 겪을 수밖에 없는 처지가 되어 버렸다. 인도 영어의 가장 큰 특징 중 하나로 지적되는 것은 r 발음이다. 예를 들어 here, water 등 어말에 있는 r 발음은 지역에 따라 ar 로 발음하여 '히아르', '워따르'처럼 발음한다. 그리고 일반적으로 다른 영어권 지역의 영어와 달리 '된소리'와 '거센소리'가 상당히 강한 편이다.

이러한 발음의 차이 때문에 처음 인도 영어를 접하게 되면 누구나가 당황스러운 경험을 하게 되는 경우가 많다. 이를 극복하기 위해서는 무조건 많이 접촉하여 대화를 나누는 것이 상책이라고 생각하고 수업 시간이든, 휴식 시간이든 간에 이를 실천하려고 노력했다. 특히 수업 시간에는 정신을 집중하여 강의 내용을 이해하려고 엄청난 노력을 기울였다. 처음에는 막막했던 청취 능력이 3개월 정도가 지나니 몰라보게 좋아지기 시작하였다. 희망이 보였다. 자신감이 생겼다. 그동안 소통의 어려움으로 받았던 스트레스가 상당했었는데 서서히 알게 모르게 풀어지는 것 같았다.

바로 이때쯤 해서 우리는 인도 해군기지와 해군함정 그리고 항공모함을 두루 살펴보는 프로그램 일정에 따라 동·서해안을 넘나드는 장도에 올랐다. 인도는 영국으로부터 독립할 당시에 항공모함 2척을 인수해 당시 동·서해안에 각 1척씩을 배치하여 운용 중이라고 했다. 비록 영국으로부터 인수해서 상당한 수리와 정비를 거친 후에 운용하고 있지만, 인도 장군과 제독들은 인도가 항공모함을 보유하고 있다는 사실에 큰 자부심을 느끼고 있는 듯했다.

그런데 견학 일정에 따라 중간에 우리가 승선한 신형함정이 처음에는 코리아 타코마에서 생산하여 인도 측에 인양한 1090톤짜리 초계함 3척 중의 한 척일 줄은 몰랐다. 함정 정면에 부착된 선명한 태극마크를 보고 나서야 우리나라가 제작한 함정이라는 것을 알고 기쁨을 감출 길이 없었다. 그것도 그럴 것이 이역만리 망망대해 인도양 해상에서 우리나라 태극기가 선명하게 새겨진 우리나라에서 생산한 신형 초계함을 극적으로 맞닥뜨렸으니 얼마나 반갑고 놀라웠겠는가? 이런 소식이 함정 안에 전해지자, 동료 학생들이 부러움을 감추지 못하고 모두 축하해 주었다. 돌이켜 보면 당시 나는 한국 미래 조선산업의 희망을 보는 듯했다.

모든 일정을 마치고 마지막 인도양 어느 포구에 정박한 후에 함정에서 내려 저녁 식사를 마치고 다시 함정에 승선하여 보니, 이미 갑판에는 전등불을 밝히고 브라스 밴드가 자리를 잡고 연주를 하면서 학생들의 흥을 돋우고 있었다. 아울러 몇 종류의 칵테일과 간단한 스낵도 제공하고 있어서 우선 버번위스키 한잔을 마셨다. 날씨는 온화하다가 밤이 되자 신선한 미풍이 살랑이며 얼굴을 스쳤다. 때마침 아름답고 푸른 도나우강이 흘러나오면서 그동안 인도에서 겪은 이모저모와 쌓였던 스트레스가 한꺼번에 뇌리에 엄습해 왔다. 이때 나는 약간의 취기를 느끼면서 이제 영어 소통에도 어느 정도 자신이 있고, 한국산 초계함을 만나는 행운도 있었고 해서 오늘부터 기죽지 않고 당당하게 한국 장교의 기개를 마음껏 펼쳐 보여줘야겠다는 생각이 들면서 제일 먼저 갑판(floor) 중앙으로 나갔다. 나가자마자 음악에 맞춰 몸을 흔들기 시작했다. 그저 마구잡이로 추는 춤, 이른바 막춤을 췄다. 그러자 뜸을 한참 들이던 동료 학생들이 보조를 맞추기 시작했다. 이에 나는 더욱 신명이 나서 미친 듯이 춤을 추니 갑판(floor) 전체가 몸을 흔드는 학생들로 난리가 났다. 아마도 동료 학생들은 내가 생판 '춤맹'인지도 모르고 엄청나게 춤을 잘 추는 것으로 이해했을 것 같았고, 내가 추는 춤이 한국에서 유행하는 춤으로 인식했을 수도 있었겠다는 생각이 들었다. 어찌 되었든 우리는 해상에 띄워져 있는 함정 갑판 위에서 음악에 맞춰 하나가 되어 춤을 신나게 추었고 이 춤을 통해 진한 우정을 쌓는 계기를 만들었다. 한편, 학교 측의 처지에서 보면 해군 투어 일정의 마지막을 내 도움(?)으로 원래의 취지에 맞게 성황리에 마칠 수 있었다고 판단하고 있는 것 같아서 나로서는 기분이 좋았다.

지난번 한국 소개에 이어 이번 함상에서의 막춤 사건은 이후 나의 인도 국방대학원 생활을 보다 활기차고 의미 있게 보낼 수 있는 원동력이 되게 하였다. 우선 학교 내에서는 나를 모르는 사람이 없을 정도여서 생활하는 데 불편함이 거의 없었고 저녁 시간에는 파티가 많았는데 나는 거의 모든 파티에 초청이 되어 여러 가지 정보를 쉽게 접할 수 있어서 좋았다. 일부 동남아권 학생들은 파티에 초청 받지 못해 저녁에 홀로 지내는 경우가 많았다. 무엇보다도 많은 학생과 교수진을 만나 대화하다 보면 영어 소통 능력 향상은 물론 다양한 문물에 대한 이해와 지식 습득에 크게 도움이 되었다. 더욱이 나는 가족과 함께 생활할 수 있어서 교육 기간 중 가족이 얻는 유무형의 경험 또한 상당하였다고 생각한다.

특히 남이 하지 않은 일, 나를 내던진 열정이 어떤 결과로 이어지는가를 그때 깨달았다. 그때는 젊음의 열정으로 그런 결과물을 얻었고, 지금은 나이 들어가면서 얻은 정신적인 열정으로 무언가를 찾아 이루어야겠다는 생각을 해본다. 한마디로 나의 인도 생활은 기대 이상이었고 잊지 못할 추억이 되었다.

## 아 아 잊으랴 어찌 우리 이날을!

매년 6·25를 맞을 때마다 6·25가 이 땅에 불러온 참상에 치를 떨면서 다시는 이 땅에 이와 같은 비극이 절대 일어나서는 안 되겠다는 결의를 다짐해 보곤 했다. 나는 6·25가 일어나기 전 해에 태어났으니, 예전의 우리나라 나이로 두 살이었고 휴전이 있었던 해를 기준 하면 다섯 살이었다. 그러니 유아 시절의 전부를 참혹한 생활의 현장에서 보낸 셈이다. 지금도 가끔은 어머니 등에 업혀 또는 걸어서 피난길 원창고개를 넘나들던 생각이 어렴풋이 또는 아스라이 떠오를 때가 있다.

아래는 내가 '국가발전미래교육협의회'에서 활동할 당시 6·25를 경험하지 못한 장병들을 대상으로 동족상잔의 비극을 다시 상기시킴과 아울러 북한의 도발 책동에 한시도 경계를 늦춰서는 안 된다는 차원에서 과거의 6·25 노래와 같은 문화적 콘텐츠를 적극 개발하여 보급할 필요가 있다는 견해를 국방일보(2012. 6. 24일자)를 통해 피력한 바 있는 기사 내용이다. 국방일보에 게재된 지가 벌써 십수 년이 지났음에도 불구하고 이와 관련된 변화의 조짐이 없어 보여서 안타까움을 금할 수가 없다.

며칠 후이면 우리는 다시 6·25 전쟁 62주년을 맞는다. 6·25 전쟁은 우리가 겪은 전란 중에서 가장 처참하고 엄청난 피해를 수반했다. 3년 1개월 남짓한 전쟁 동안 남북한 인구의 60%인 1,800여만 명이 피해를 보았고, 산업시설 43%, 가옥 63%가 파괴되는 등 전 국토가 초토화되었으며, 전쟁고아 10만 명, 전쟁 미망인 30만 명, 이산가족 1,000만 명이 발생하였다. 세계 전쟁 역사상 가장 참혹했던 전쟁은 쌍방 간의 휴전협정으로 멈추어 섰고 이제 이순을 훌쩍 넘긴 상태로 아직도 진행 중이다. 이는 구시대 냉전체제의 산물인 38선을 중심으로 일촉즉발의 긴장 상태 아래에서 쌍방 간의 군대가 엄청난 군사적 밀도를 유지한 가운데 대치하고 있기 때문이며, 지난해 발생한 천안함 폭침사건과 연평도 포격사건이 이를 입증하고 있다.

6·25 전쟁이 현재 진행형임이 분명한데도 우리는 6·25전쟁의 발발 원인과 참상을 잊어가고 있는 것은 아닌가? 아니면 끝이 보이지 않는 전쟁에 모두가 지쳐 애써 휴전 상태를 외면하고 있는 것은 아닌가? 여기에 햇볕정책의 향수에 젖어있는 국민 마음속에, 통일에 대한 막연한 환상과 감상적인 대북관이 아직도 자리하고 있는 것은 아닌지? 스스로 돌이켜 보아야 할 시점에 와 있다고 생각한다.

특히 '90년대 이후 남북 화해 분위기 속에서 우리는 자라나는 세대들에게 6·25 전쟁의 진실을 알리는데 너무 소홀히 하지는 않았는지를 짚어봐야 할 것이다. 다시 말하면 이스라엘 국민이 2천 년 전 로마군에 항거하여 장렬한 최후를 맞이했던 조상의 얼을 본받아 다시는 마사다 요새를 적에게 넘겨주지 않겠다는 각오(Never again Masada)를 다지고 있는 것과 같이 우리 또한 6·25를 상기하면서 다시는 이 땅에 동족상잔의 비극이 일어나지 않도록 하겠다는 국민적 결의를 다져야 할 때라고 본다. 불과 60년 전의 전쟁 발발 책임 당사자와 고도의 긴장 속에서 대치하고 있다는 지금의 상황을 고려한다면 우리 각오와 결의의 치열함은 이스라엘 국민의 호국정신을 뛰어넘어야 할 것이다.

이러하기 위해서는 6·25를 상기할 수 있는 다양한 문화적인 '콘텐츠'를 개발하여 어릴 적부터 생활화하는 것이 무엇보다도 중요하다. 그 대표적인 것이 우리 기억 속에서 잊혀 가고 있는 '6·25 노래'와 같은 것이라고 생각한다. 박두진 작사, 김동진 작곡의 6·25 노랫말은 3절로 구성되어 있는데 제1절은 '아 아 잊으랴 어찌 우리 이날을'로 시작되고 있다. 지금의 50대 이상 세대들은 이 노래를 국민가요로 생각하면서 시와 때를 가리지 않고 정말 열심히 불렀다. 학교에서는 이 노래를 확성기에 실려 내보내면서 운동회 분위기를 한껏 높였고, 운동회 순서에 빼먹지 않고 들어 있던 기마전(騎馬戰)에서는 두 주먹을 불끈 쥐고 이 노래를 부르면서 '적군'을 향해 내달리곤 했다. 어디 그뿐이랴! 여자아이들은 고무줄넘기를 하는데도 이 노래를 써먹었고, 심지어 이 노래는 '니나노 집'에서 노래밑천이 짧거나 떨어지면 대신 부르는 애창곡이 되기도 했다.

이렇게 저들은 6·25 노래와 함께 성장하면서 조국이 처한 현실을 통절하게 체감하는 가운데, 한편으로는 대북 경계심의 고삐를 늦추지 않으면서, 다른 한편으로는 민주화와 산업화의 위업을 동시에 달성하는 데 온 힘을 다해 왔다. 어찌 되었든 6·25 노래가 저들을 통해 이 나라를 반석 위에 반듯하게 올려놓을 수 있도록 하는데, 어느 정도 일정 부분 이바지했다고 말한다면 좀 과장된 표현일까? 그러나 분명한 것은 6·25 노래를 통하여 저들의 마음속에 6·25 전쟁을 일으킨 장본인이 누구였는지, 이 땅에서 북한의 전쟁광들을 몰아내고 조국의 영광을 위해 끝까지 싸워 이기겠다는 각오와 기개를 심어놓았던 것만은 사실이다.

그런데 바로 이 6·25 노래가 슬그머니 우리 교과서와 노래책에서 사라진 지 오래되었고 이제 우리 청소년들은 6·25 노래가 있는지조차 모르면서 자라나고 있다. 다만 매년 6월 25일이 되면 재향군인회가 중심이 된 '한정된' 행사에서 장년층에 의해서만 '흘러간 노래'로 가끔 불리고 있을 뿐이다. 사정이 이렇다 보니 젊은이들의 국가안보 의식이 어떠하겠는가? 지금이라도 우리의 6·25 노래를 되찾아 이 땅에 드리워진 전쟁의 망령된 그림자를 걷어내고 6·25 전쟁 발발 당사자인 북한을 넘어서서 조국 통일을 위해 다 같이 진군해 나가자! 오늘에 이르러 6·25 노랫말이 청소년들이 부르기에 부적절한 부분이 있다고 한다면 공모를 통하여 노랫말을 바꾸면 될 것이다. 관련 정부 부처와 애국적인 시민단체 그리고 국민 여러분의 동참을 기대해 본다.

# 모정(母情)

일찍이 플라톤은 인간 삶의 형태를 영혼적인 측면에서 에피투미아(epithymia), 에로스(eros), 아가페(agape)적인 삶 등 세 가지로 구분하였다. 에피투미아는 동물적인 삶 즉 욕망을 말하는 것으로 자기 본위적이며, 에로스는 인간 본연의 삶 속의 사랑으로 이른바 네가 있으면 내가 있고, 내가 있으면 네가 있다는 식의 자타 공존적이며, 아가페는 조건 없는 사랑으로 타자 본위적인 특성이 있는 것이라고 알려져 왔다. 그래서 인간은 모름지기 에피투미아적인 삶에서 에로스적인 삶을 거쳐 아가페적인 삶으로의 지향을 추구하고 있다고 정의함으로써 영혼의 성장과 진리를 향한 열망을 설명하고 있다.

여기서 신적 영역의 고결한 사랑인 아가페는 인간의 삶 속에서는 부모님의 자식에 대한 사랑을 일반적으로 지칭하고 있으며, 그 중에서도 어머니가 자식에게 베푸는 사랑을 가리키는 경우가 많다. 이래서 어버이날에 늘 애창되고 있는 우리 가곡 '어머니의 마음'에서도 '하늘 아래 그 무엇이 넓다 하리요, 어머님의 희생은 가이없어라.'고 노래하고 있지 않은가? 이렇듯 어머니의 사랑은 너무 크고 넓어서 자식 된 처지에서는 평생을 통해 다 갚으려 해도 갚을 길이 없는 것 같다.

  내 어머니의 자식 사랑 역시 남달랐다. 여섯 명의 아들을 낳아 키우면서 아버지를 도와 대농을 일궈내는데 온갖 뒷바라지를 다 해 오셨다. 6·25 전쟁 중에는 아버지는 늘 뒷산 방공호에서 숨어 지내셨기 때문에 군대에 간 두 아들을 제외하고 나머지 아들 4명과 며느리 1명을 어머니 홀로 건사하시면서 피난살이를 하셨다. 1·4후퇴 때는 갑자기 인민군이 집에 들이닥쳐 어머니를 총살하려고 마당으로 나오라고 했을 때, 총살을 당하더라도 등에 업힌 아들만은 살릴 생각으로 포대 몇 겹을 몸에 칭칭 감은 상태로 나아갔었다고 한다. 일촉즉발 상황에서 총살 현장에 군관이 나타나 "이 아주머니는 후발대 병력에 대한 식사 준비를 하게 하라우!"라고 지시하는 바람에 구사일생으로 살아나셨다고 한다. 이때 어머니 등에 업힌 아이가 바로 나였다.

  당시 어머니들이 대부분 다 그러했지만, 특히 우리 어머니는 살아가시면서 특정한 종교적인 믿음을 갖고 계신 것은 아니었지만 우리 집에 전도하기 위해 목사님이 오시면 극진히 모시기를 기뻐하셨고, 스님이 대문 앞에서 목탁을 두들기면 집에 있는 곡식 중에서 가장 귀한 것을 선별하여 시주하는 것을 잊지 않으셨다. 그런가 하면 우리 집안의 제사는 우리 집에서 걸어서 십여 분 남짓한 거리에 있는 큰댁에서 합동으로 지냈는데 그럴 때마다 큰집에 서운치 않게 이것저것 신경 써서 인편으로 보내드리는 것을 당연하게 여기셨다. 그리고 사촌들과 조카들이 우리 집에 오면 언제나 정성껏 한 상 차려 맛있고 편하게 먹을 수 있도록 보살펴 주셨다. 이래저래 오가는 정이 많다 보니 친인척 간의 사이는 이를 데 가 없이 화목하였다.

무엇보다도 어머니는 아들들이 잘 되기를 하늘에 빌고 비는 나날을 보내셨다. 특히 아들들이 큰일을 앞두고 있으면 뒤란에 정화수를 떠서 놓고 매일 새벽에 기도하기 시작하셔서 그 일의 결말을 보고 나서야 새벽 기도를 거두셨다. 내가 중학교와 대학 시험을 볼 때도 역시 마찬가지였다. 어머니가 기도를 드리면서 흘리신 눈물을 생각하면 지금도 자식의 도리를 제대로 못 한 불효 막급한 심정을 금할 길이 없다.

특히 아버지가 돌아가신 후에는 아버지의 가업을 이어받아 농사를 지어오던 셋째 형님마저 출가를 시키고 나서 어머니는 홀로 일꾼을 데리고 그 많은 논밭을 경작 관리하셨으니 얼마나 근심과 노고가 크셨겠는가? 그것도 모르는 중학 3학년생인 형과 중학 1학년생인 나는 방학을 맞이하여 시골에 내려와 생활했는데 그날은 텃밭에 감자를 캐라는 어머니 말씀을 듣고 얼마쯤 하다가 너무 날씨가 더워 인근에 있는 소양강에 가서 멱을 감고 놀다가 돌아왔다. 그런데 이게 어찌 된 일인가? 그새 어머니가 혼자 감자밭의 감자를 거의 다 캐가고 계신 것이 아닌가? 우리를 보시자마자 어머니는 뭐라고 야단을 치셨는데 이에 형이 잘못한 주제에 뭐라고 대꾸하니까 어머니는 어미 말을 잘 듣지 않는 아비 없는 호래자식이 되려고 한다면서 통곡하시다가 마침내 단단히 결심하신 듯 우리들을 보고 따라오라고 하더니만 앞서 가시기 시작했다.

우리는 다소 의아하게 생각하면서도 엄청나게 화가 나신 어머니의 말씀을 거역하기도 어렵고 해서 영문도 모르고 따라갔다. 그런데 어머니는 뒷산 밤나무 단지까지 오셔서 앞 들판을 훤히 내려다볼 수 있는 아름드리 밤나무 가지에 허리띠를 동여매고 목을 넣을 수 있는 구멍을 만들어 넣고는 "너희들이 이 어미 말을 잘 듣지 않으니 나는 여기에 목매어 죽어야겠다."라면서 허리띠 구멍에 목을 넣으시려고 하는 것이 아닌가? 소스라치게 놀란 형과 나는 누가 먼저랄 것도 없이 어머니 앞에 무릎을 꿇고 엉엉 울면서 잘못했다고 싹싹 빌고 또 빌었다. 이에 어머니는 "앞으로는 이 어미 말을 잘 듣겠니?"라고 몇 번 다짐을 받으신 다음에야 허리띠를 거두셨고 이내 두 형제를 껴안으시고 한참을 또 우셨다.

당시에 우리는 어머니가 평소 우리 어머니답지 않게 왜 그렇게 설움과 노여움이 북받치셨는지를 가늠할 수가 없었다. 그러나 세월이 지나 돌이켜보니 아버지가 돌아가신 지 얼마 되지 않은 상황에서 자식들마저 다 떠난 터에 홀로 남으셔서 많은 농토를 관리해야 한다는 부담을 크게 느끼시지 않았을까 하는 생각을 해 본다.

거기에 더하여 그나마 학교에 다니는 어린 자식들이 방학이라고 해서 시골에 내려왔는데, 일손을 덜어주기는커녕 놀기에 바쁘다 보니 주변에 곡식은 익어 가는데 풀은 무성하고, 거둬들여야 할 곡식은 많은데 그대로 널려져 있다시피 하니, 그동안 그렇게 살아오지 않으셨던 어머니 마음이 얼마나 속이 타들어 가셨겠는가? 어찌 보면 가세가 기울어 가는 모습 자체를 현장에서 눈물을 삼키며 보시고 있는 느낌이 아니었을까 싶었다.

어머니가 돌아가시기 직전에 나는 전방의 임진강 지역에서 소대장 생활을 하다가 휴가를 나와 주로 춘천 집에서 지냈다. 대부분의 장병이 전방에서 근무하다가 오래간만에 첫 휴가를 나오면 서울을 거치게 마련인데 눈앞에 펼쳐진 서울 야경을 보는 순간 세상이 천지개벽을 한 듯 다가오는 경험을 하게 된다. 그럴 때면 열렬한 환영을 받고 있다는 느낌과 더불어 그동안 격리된 생활을 해왔다는 소외감과 국방 의무에 대한 적절한 대우를 받고 있는가에 대한 의구심 등 여러 가지 상념에 빠지는 경우가 없지 않았다. 나 역시 그런 생각과 함께 휴가 기간을 후회 없이 보낼 요량으로 학교 동창 등을 만나 바쁘게 돌아치다 보니 온전히 어머니와 함께 하지를 못했다.

그러다 보니 휴가 마지막 날 어머니가 오죽하면 "용섭아! 오늘은 나하고 저녁밥을 먹고 내 방에서 하룻밤 같이 자자꾸나."라고 하셨겠는가? 그러고 나서 내가 부대 복귀를 한 이후에 얼마 안 되어 어머니는 중풍으로 세상을 떠나시고 말았다. 지금도 후회막급하게 생각하는 것은 내 바로 위의 형은 학군장교로 임관하여 12사단 사령부 경리장교로 근무하고 있던 터라 전방 소대장보다는 훨씬 활동의 자유가 있다 보니 가끔 춘천에 들러서 어머니가 좋아하시는 보신탕을 사드리곤 했다는 이야기를 뒤늦게 들었었다. 나도 언젠가는 어머니를 근사한 식당에 모셔서 극진한 대접을 해드려야겠다고 마음속으로 다짐했지만 이를 끝내 실천하지 못한 것이 너무 죄송스러웠다. 때로는 막내로 태어나지 않고 장남으로 태어났었더라면 얼마나 좋았겠냐고 생각해 보기도 했지만 다 부질없는 짓으로 스스로에게 면죄부를 주는 얕은 꾀일 수도 있다는 데에 생각이 미치자 허망하기까지 했다.

어머니를 여읜 지 벌써 50여 년이라는 세월이 훌쩍 지났지만 지금도 어머니를 생각하면 눈물이 앞을 가리고 어머니에 대한 그리움이 한없이 용솟음친다. 인간 최고의 숭고한 사랑인 아가페적 희생을 통하여 자식이 잘되기만을 빌고 또 빌었던 우리 어머니! 우리 어머니의 사랑은 강물처럼 조용히 흐르지만, 그 물살은 깊고 끝이 없다는 사실을 이제야 깨닫는다. 사랑하는 우리 어머니! 죽는 날까지 어머니의 사랑을 깊이 새기면서 어머니가 그렇게 빌고 빌었던 아들로 다시 태어나 잘 살아가겠습니다.

# 3부
# 저 하늘에 별이

김종서, 남이 장군은 후손으로부터 영원히 칭송받아 마땅하다 하겠다. 무엇보다도 두 분의 추상과도 같은 기상과 범접하기 어려운 확고한 신념은 장군상의 표본이 아닌가 싶다. 최근의 정치 상황과 맞물려 언론에 보도되는 일부 장성들의 모습을 보면서 위 두 분 장군의 기개가 더욱 그리워지는 것은 왜일까?

# 시 조 묘(始祖墓)

우리 초계(草溪) 정(鄭)의 시조는 배(倍) 자 걸(傑) 자 할아버지이시다. 고려 문종 원년에 예부상서 중추원사에 이르셨다. 시조 할아버지는 낙향 후에 삼국시대 가야의 다라국 터(현 행정구역으로는 경남 합천군 쌍책면 성산리)에 사숙(私塾) 옥전서원을 열어 후세 인재 양성에 힘을 쏟으셨다. 이 옥전서원 바로 옆에는 가야 왕실과 귀족 묘지인 옥전 고분군(古墳群)이 자리하고 있고 여기서 조금 떨어진 명당에 할아버지 묘소가 자리하고 있다.

다음은 초계 정 씨 대종회보가 재발간 된 다음 호에 「옥전서원 – 시조 묘에서」라는 제목으로 향토 사단장으로 부임한 직후에 시조 할아버지 묘소 앞에서 경배와 결의를 다졌던 내용 등을 한시와 함께 게재한 글이다.

우리나라 성씨(姓氏) 대종회의 경우 대부분 종헌(宗憲)을 충효숭조(忠孝崇祖) 정신에 기초하고 있다. 이는 한마디로 부모에게 효도하고 조상을 숭상하며 나아가 나라에 충성하는 것으로 요약될 수 있다. 그러므로 당연히 충효숭조(忠孝崇祖) 정신의 시작은 효(孝)다. 『효경(孝經)』에는 일찍이 불감훼상 효지시야(不敢毀傷 孝之始也)라고 하여 자신의 몸을 다치지 않게 하는 것이 효(孝)의 시작이라고 했으니 스스로 몸을 잘 다스려 나가는 것이 무엇보다 중요하다 하겠다. 특히 최근 코로나바이러스 감염이 계속 이어지고 있는 데다가 사회지도층 인사들이 연이어 유명을 달리하는 사태를 지켜보면서 선현(先賢)들의 가르침을 귀담아들을 때가 아닌가 싶어 먼저 서두(序頭)를 뗀다.

오랫동안 전후방 각지에서 군무(軍務)에 전념했던 시기에는 종친 소식을 전해 듣는 것이 고작 족보 발간 이외에는 딱히 이렇다 할 일이 없었다. 그러다가 대종회에 관심을 두게 된 계기는 시조 할아버지가 계시는 합천군을 아우르는 경상남도 향토 사단장(보병 제39사단)으로 부임하면서부터이다. 평소에 시조 묘의 지리적 위치와 풍모지대(風貌之大)를 흠모하고 있던 터라 사단장으로 부임한 이후 얼마 되지 않아서 첫 참배를 드렸는데, 그때의 감격과 흥분을 지금도 잊을 수가 없다.

## 敬拜弘文公(홍문공께 엎드려 절하다!)

**草溪卅一世迷蒙, 敬拜光儒侯進衷.**
초계삽일세미몽, 경배광유후진충.

**祖德孫爲鄕土將, 安民保國盡眞忠.**
조덕손위향토장, 안민보국진진충.


초계 정 씨 31세 손 부족하지만
시조 광유후께 충심으로 경배합니다
조상님의 은덕으로 경남 향토사단장이 되어
보국안민으로 충성을 다하겠습니다

사단장 재임 기간에 시조 할아버지께서 무언의 지원군으로 늘 함께하고 계시다는 생각 덕분에 부대를 소신 있게 지휘할 수 있었고, 그 결과 6·25 전쟁 이후 사단급 부대로서는 최초로 재임 기간에 대통령부대표창을 3회 수상하는 영광을 안은 바 있다. 특히 옥전서원(玉田書院)으로 가는 길이 비포장 길이라서 눈비가 내릴 때면 여러 가지 어려움이 있다는 소식을 듣고 약 2km에 달하는 구간을 당시 합천군수에게 이야기하여 말끔히 포장할 수 있었던 것은 지금도 큰 보람으로 여기고 있는 일 중의 하나이다.

시조 할아버지가 삼국시대 가야의 다라국 터에 사숙(私塾) 옥전서원을 열어 후세 인재 양성에 힘을 쏟은 것은 시공간을 초월한 절묘한 만남의 극치라고 볼 수 있다. 옥전 고분군(古墳群)은 고고학적인 가치가 높은 유물로서 1988년 7월 28일에 사적(史蹟) 제326호로 지정되었는데 바로 이곳에서 시조 할아버지가 낙향 후 활동하시다가 돌아가신 것으로 추정되고 있고, 지금은 우리 후손들이 이곳에서 제사를 지내고 있다는 것이 여러 가지로 의미가 깊다고 하겠다. 모름지기 종중 조직의 일차적 기능이 상호 협력하고 부조(扶助)하는 일종의 사회보장적 역할을 수행하는 것으로 이해한다면, 향후 종친 행사에 될 수 있는 대로 많이 참여하여 화합을 다져나가는 것이 시조 할아버지의 뜻이고 가르침이라고 확신한다.

### 秋享祭所懷(추향제를 다녀와서)

伽倻遺址有弘文, 開院養才成教勳.
가야유지유홍문, 개원양재성교훈.

指定古墳爲史蹟, 春秋奉祀刻和紋.
지정고분위사적, 춘추봉사각화문


가야 옛 땅에 홍문공이 있어
서원을 열어 인재 양성의 공을 세웠네
고분을 사적으로 지정 보존하듯
춘추에 제사 받들어 화합을 이루네

시조묘를 찾는 우리 종친들은 거의 예외 없이 옥전서원(玉田書院)

을 들러 예를 갖춘 후에 시조 묘에 참배하다 보니 처음 오는 분들의 경우에는 서원 바로 옆에 있는 옥전 고분군(古墳群)이 바로 시조묘 인 줄 알고 있다가 다소 실망하는 경우가 있을 수 있다는 생각이 든 다. 옥전 고분군(古墳群)은 가야(伽倻) 다라국(多羅國)의 옛터에 있는 가야 왕실과 귀족의 합동묘지로서 오늘날 국립묘지와 같은 장소이다 보니 개인 묘지와는 비교가 안 될 정도로 규모가 크고 웅장하다. 더 욱이 AD 400년경 삼국시대 때의 장례문화였으니 일러 무엇하리오? 그런데도 우리 시조 할아버지의 묘소 역시 그 규모 면에서 상당하다 할 수 있으며 특히 풍수지리 면에서 빼어난 위치에 자리하고 있다고 하겠다.

### 素描始祖墓(시조묘의 풍수지리를 그리다)

主山垂首大莊蹲, 朱雀翔儛歡待然.
주산수수대장준, 주작상무환대연.

右白虎雄娑靜動, 左靑龍歷蠢長連.
우백호웅사정동, 좌청룡력준장련.


주산(=武頭)은 마치 머리를 아뢴 채 장중하고
앞산은 날아올라 춤추며 환대하네
오른쪽 능선은 호랑이가 웅크리고 앉아 정중동하고
왼쪽 능선은 용이 꿈틀거리며 길게 이어져 있네

> 앞서 대종회보의 재발간을 모든 종친과 더불어 다시 한번 경하해 마지않으며 앞으로는 중단 없는 대종회 소식 전달과 정보 공유를 통해 진정한 소통의 창구로 활용될 수 있기를 소망해 본다. 더불어 현 회장님 취임 후에 역동적으로 추진되고 있는 사업들이 조기에 소기의 성과를 거둘 수 있기를 축원하면서 특히 대종회 건물 신축이 계획대로 잘 추진되어 대종회의 위상과 환경이 획기적으로 개선되기를 고대해 본다. 그리하여 모든 종인들이 서울에 오면 누구나가 큰집에 들러 인사도 하고 담소를 나눌 수 있는 쉼 공간이 되기를 간절히 꿈꿔 본다.

기고문에서 언급된 대종회 건물 신축은 여러 가지 어려움에도 불구하고 종인들의 간절한 소망을 담아 약 2년여간의 공사를 거쳐 준공에 이를 수 있었으며 나는 건축위원회 부위원장으로 세습충효(世襲忠孝)와 가전청백(家傳淸白)을 실천할 수 있었다.

# 주인과 머슴

40여 년 전 장교로 임관하여 처음 배치받은 부대의 경례 구호를 아직도 잊지 못한다. 이 부대의 경례 구호는 '하자'였다. '하자'가 경례 구호이자 그 부대 지휘관의 지휘 방침이었다. 그 지휘 방침의 첫 번째 실천 사항이 '주인으로서 하자'였다. 당시 왜 주인으로서 해야 하는지를 구체적인 사례를 들어가면서 교육받았던 것으로 기억된다.

돌이켜보면 그때 그 시절이 참으로 소중한 시간이 아니었나 생각된다. 나름대로 국가에 대한 충성심은 넘쳐났고 정의로움이 충만하여 무엇이든지 옳다고 생각되면 스스럼없이 받아들였다. 물불을 가리지 않고 밀어붙이는 순수한 열정이 있었기 때문이다. 그래서인지 그때부터 중국 당나라의 임제록(臨濟錄)에 나와 있는 수처작주(隨處作主), 즉 어디서든 주인이 되라는 말을 마음속에 새겨두고 실천하려고 나름대로 애를 써왔다.

오랫동안 몸담았던 군문을 떠나 지역국립대학의 초빙교수에 이어 대표적인 직업 교육기관인 모 대학의 학장을 맡다 보니 여러 가지로 다소 생소한 주변 환경과 여건에 적응하는 가운데 대학의 변화와 혁신에도 상당한 관심과 노력을 집중해야 했다. 내가 몸담은 캠퍼스를 둘러보다 보면 가끔은 도대체 이 대학의 주인은 누구이냐고 반문하고 싶을 정도로 쓰레기와 휴지, 그리고 담배꽁초가 여기저기서 목격됐다. 그래서 매년 학기 초에는 어김없이 주인의식 고양을 위한 프로그램을 다양하게 운영하는 데 전념했다. 어느 정도 시간이 경과되어 공감대가 형성될 즈음되면, 어느새 캠퍼스는 깨끗한 모습으로 변해 있어 학생들은 물론 캠퍼스를 찾는 이들에게 신선함과 즐거움을 선사했다. 바로 주인 정신이 발휘된 결과였다.

일반적으로 주인의식이란 자기 자신을 조직의 객체가 아닌 주체로 인식하여 스스로 조직을 위해 애를 쓰고 긍정적 에너지를 발산하는 사람들이 갖고 있는 의식을 일컫는다. 따라서 스스로 주인이라 생각한다면 권한이 주어진 만큼 자신의 행동에 책임을 질 줄 알아야 한다. 이에 반하여 머슴은 권한이 없으므로 책임도 없다. 권한과 책임이 없으므로 모든 것을 주인에게 의지하고 맡겨야 한다. 그러므로 머슴 의식은 자유가 없는 노예근성이라고 볼 수 있으나, 주인의식은 자유와 자존(自尊), 자립정신의 기초이고 발현이랄 수 있다. 따라서 민주주의 핵심 가치인 진정한 자유를 위해서는 주인의식은 필수 불가결이다. 그런데 요즈음 우리 사회는 권리를 요구할 때는 모두 주인이고 책임질 일이 있으면 모두 머슴이 되는 것만 같아 안타깝게 여겨질 때가 많다.

사단장 시절, 책임 지역 내 어느 전자제품 회사를 방문했을 때 회사 내부 곳곳에 직원들의 시선이 갈만한 곳에는 영락없이 'GREAT COMPANY, GREAT PEOPLE'이라는 표어가 부착된 것을 보고 적이 놀란 적이 있다. 안내하는 직원을 포함하여 모든 회사원은 활기가 넘쳐났고, 미래에 대한 자신감으로 가득 차 있는 모습을 엿볼 수 있었다. 아니나 다를까, 얼마 되지 않아 이 회사의 브랜드 가치는 높이 치솟았고 매출액은 급증했다. 모름지기 직원들 모두가 주인이라는 생각으로 이 회사를 무한하게 사랑했던 결과임이 분명했다.

성경에서 먼 길을 떠나는 주인이 종들을 불러 각각 다섯 달란트, 두 달란트, 한 달란트씩 주고 나서 오랜 후에 주인이 다시 돌아와 회계할 때였다. 한 달란트 받은 종이 땅속에 파묻었던 한 달란트를 그대로 주인에게 내밀자, 주인이 '악하고 게으른 종'이라 하며 내쳤다. 반면, 받은 것의 두 배로 늘린 다섯 달란트와 두 달란트 받은 종에게는 '착하고 충성된 종아! 네가 작은 일에 충성하였으매 내가 많은 것으로 네게 맡기리라' 하며 칭찬을 아끼지 않았다는 예화처럼 주인의식을 갖고 행동하는 사람은 언젠가는 반드시 성공을 기약할 수 있다고 하겠다.

 주인의식은 꼭 국가와 민족을 앞세워 그 바탕 위에서 행하려는 마음을 가져야 비로소 가치가 있다고 생각할 필요는 없다. 우선 내 자신의 내면에서 나의 주인은 바로 나라는 의식부터가 시작이라고 본다. 누가 시키기 전에 나 스스로 일거리를 찾아 나서는 행동, 남의 눈치를 보기 전에 내가 옳다고 여기면 앞장서서 행동하는 자세가 필요하다. 그러다 보면 다져진 주인의식은 소속된 직장이나 단체로 연속성을 갖게 되어 조직이 당면하고 있는 어려움을 해결할 수 있는 의지와 혜안을 터득하는 계기로 이어진다. 그러므로 이러한 주인의식은 그 시대 그 사회, 더 나아가 그 나라에 이바지하는 삶을 살아낼 수 있게 할 뿐만 아니라 대한민국의 개국 이념인 홍익인간을 앞세우지 않아도 주인의식 하나만으로도 가치 있는 삶을 살아가는 첩경이 될 수 있다고 하겠다.

## 장군의 기개

나는 오랫동안 군문에 몸담고 있으면서 조선조 시대의 김종서 장군과 남이 장군을 흠모했다. 나름 흠모하게 된 배경에는 무인다운 늠름함과 기개가 넘치는 두 분의 풍모를 그린 시조와 한시가 오늘날에도 전해지고 있기 때문이 아닌가 싶다. 특히 전후방 지역에서 지휘관 생활을 하면서 어려움에 부닥치거나 마음이 느슨해졌을 때는 마음을 다잡고 근무 의욕을 북돋우기 위해 이 시조와 한시를 암송하면서 결의를 다져오기도 했다.

먼저 김종서 장군은 문과에 급제한 이후 다양한 요직을 역임하며 조선의 정치와 군사에 큰 공헌을 한 문무를 겸비한 인물로서 함경도 도절제사에 임명되어 북방에 파견된 이후 8년 동안 변방에서 근무하면서 두만강 변의 6진을 개척하여 두만강 이남을 완전히 조선의 영토로 복속시킨 장본인이다. 이후 백두산 호랑이로 불리며 명성을 떨치다가 조정에 들어와 단종 원년에 좌의정에 이르렀으나 수양대군에 의해 어느 날 밤 철퇴로 죽임을 당하였다. 이것이 바로 계유정난(癸酉靖難)의 시작이 되었다.

　김종서 장군이 변방에서 근무할 당시 지은 것으로 알려진 예의 '삭풍은 나무 끝에 불고'로 시작되는 시조의 한시 번역본이 존재하지 않음을 알게 된 나는 직접 번역하기로 결심하고 한시 작시를 공부하여 아래와 같이 '변방의 노래'(가제) 시조를 「한새 유감(寒塞有感)」이라는 제목의 한시로 번역한 바 있다. 논자에 따라서는 애창되고 있는 시조를 구태여 한시로 번역할 필요가 있느냐고 의문을 제기할 수도 있겠다. 그러나 시조와 한시는 근대에 이르러 다른 장르로 굳어지기는 했지만, 시조와 한시 모두 일정한 운율에 실려 우리 조상의 사상과 정서를 노래한 고전문학이라는 점에서 원류는 같다고 할 수 있겠다. 따라서 서로의 특징과 다름을 이해하고 발전시켜 나가는 것이 우리 후손의 몫이고 문학세계의 지평을 넓히는 일이라 하겠다. 실제 일부 시조는 한시로, 일부 한시는 시조로 바꿔 읽히는 경우도 많이 있다.

## 변방의 노래(가제)

김종서 작

삭풍은 나무 끝에 불고
명월은 눈 속에 찬데
만리변성에 일장검을 짚고 서서
긴 파람 큰 한소리에 거칠 것이 없어라


## 한새 유감(寒塞 有感)

정용섭 역

朔風打樹梢, 明月寒霙峙.
삭풍타수초, 명월한영치.

握劍守長城, 號令無碍矣.
악검수장성, 호령무애의.


 한편, 남이 장군은 세조 6년 17세에 무과에 장원급제하여 이시애의 난을 평정하고 여진족 토벌에 큰 공을 세운 무신으로 26세에 병조판서에 이르렀으나 예종 때 훈구대신들의 시기와 모함으로 역모의 누명을 쓰고 죽임을 당했다. 그의 누명은 다름 아닌 그의 한시 북정가에 있었다. 유자광이 주도한 훈구대신들은 남이 장군의 기상과 웅지(雄志)가 넘쳐나는 북정가 3구(句)의 남아이십미평국(男兒二十未平國) 중 미평국(未平國)을 득평국(得平國)으로 바꾸어 남이 장군이 나라를 차지하려는 역모를 꾀하고 있다고 거짓으로 고해바침으로써 결국 남이 장군은 혹독한 고문을 받다가 한강 새남터에서 28세의 나이로 아깝게 참형을 당한다.

다음은 남이 장군의 북정가와 평소 남이 장군의 죽음을 애통하게 여겼던 나의 심정을 담아 「북정가 유감」이라는 제목으로 작시한 한시이다. 이렇게나마 남이 장군의 원(怨)을 달랠 수 있다고 생각하니 마음이 한결 가벼워진다.

### 북정가(北征歌)

남이 작

白頭山石摩刀盡, 豆滿江水飮馬無.
백두산석마도진, 두만강수음마무.

男兒二十未平國, 後世誰稱大丈夫.
남아이십미평국, 후세수칭대장부.

백두산 돌, 칼 갈아 없애고

두만강 물, 말 먹여 없애리
남아 이십에 나라를 평정 못 하면
후세에 누가 대장부라 하리오


## 북정가 유감(北征歌 有感)

정용섭 작

昔今不問陰謀有, 換得改平大逆噴.
석금불문음모유, 환득개평대역분.

萬古英雄之玉碎, 嗚呼痛哭其悲怨.
만고영웅지옥쇄, 오호통곡기비원.

예나 지금이나 모함은 있게 마련이나
'平'자를 '得'자로 고쳐 대역 죄인으로 몰렸다네
만고의 영웅이 옥쇄하게 되니
오호통재라! 그 비통함을 어찌할꼬!


조선조 초기에 나라가 절체절명의 위기를 맞이했을 때 외세를 물리치고 영토를 확장하면서 국권을 확고히 했던 김종서, 남이 장군은 후손으로부터 영원히 칭송받아 마땅하다 하겠다. 무엇보다도 두 분의 추상과도 같은 기상과 범접하기 어려운 확고한 신념은 장군상의 표본이 아닌가 싶다. 최근의 정치 상황과 맞물려 언론에 보도되는 일부 장성들의 모습을 보면서 위 두 분 장군의 기개가 더욱 그리워지는 것은 왜일까?

예로부터 '한번 장군은 영원한 장군이다.'라는 말이 있다. 이는 장군이란 모름지기 처신을 천금과 같이 하여 국민의 기대와 신망에 한 치의 어긋남이 있어서는 안 된다는 경구와 맥을 같이 한다. 왜냐하면 장군이란 호칭은 누구나가 우러러보는 최고의 존칭이기 때문이다. 오죽하면 북한에서도 3대 세습 체제를 이어오면서 저들의 수령을 대를 이어 '장군님'으로 호칭하고 있겠나?

# 표정 관리

장군 진급이 발표되던 날 아침에 나는 평상시와 다름없이 국방정보본부 정보운영과장 사무실에 출근하여 근무하고 있었다. 9시가 조금 지나서 정보본부 담당 기무사 김 중령으로부터 전화가 와서 받아보니 급한 어조로 대뜸 "과장님! 내 꿈을 팔 테니 사지 않으실래요?"라고 했다. 그리고 보니 나는 바로 얼마 전에 모시고 있던 부장님이 군단장으로 승진하는 꿈을 꾸고 난 다음 날 아침에 출근하자마자 부장님께 꿈 이야기를 했던 적이 있었다. 바로 그날이 발표하는 날이어서 그런지 부장님은 이야기를 듣자마자 "운영과장! 그 꿈 내가 살게!"라고 하면서 지갑을 열더니만 거금 20만 원을 건네주는 것이 아닌가. 받지 않겠다는 나에게 억지로 쥐여줘서 엉겁결에 받기는 했지만, 걱정이 앞섰는데 다행히 부장님은 진급이 되었다. 이에 나 역시 김 중령에게 주저함이 없이 "그 꿈 내가 살게."라고 말한 다음 10만 원을 인편으로 보내주고 나서 자초지종을 들어보았다.

당시 진급 심사는 보안을 위해 국방부 청사 지하에 있는 B-2 벙커로 진급 심사위원들을 소집한 가운데 계급별로 약 일주일간 지하에서 숙식을 해결하면서 진행되었다. 그러다 보니 심사 결과는 철저히 보안에 부쳐져 누구도 알 수 없었던 상황에서 발표 당일 김 중령은 B-2 벙커 입구가 보이는 언덕에 가서 진급 심사위원회에 파견 근무하는 기무요원에게 수화를 통해 이름을 알려주면 저쪽에서는 OX로 가부를 알려주는 방식으로 몇몇 대상자를 확인했다는 것이다. 그러면서 정식으로 발표되기 전까지는 절대 함구하라고 신신당부하는 것이 아닌가.

그 이야기를 듣는 순간 온몸에 전율이 일었고 아무것도 손에 잡히지 않았을 뿐만 아니라 정식으로 발표되기까지는 아직도 서너 시간이 남아 있어서 그동안 어떻게 하고 있어야 할지 고민스럽기까지 했다. 특히 집에서 목이 빠지게 소식을 기다리고 있을 아내에게도 말할 수 없었으니 미치고 환장할 노릇이었다. 그 전년도에는 명단에서 빠진 것을 확인한 후 삼각지 골목 어느 주점에서 만취가 된 상태로 아내와 전화하면서 죽고 싶다는 말을 여러 번 했다고 전해 들었다. 마음 같아서는 알려주고 싶었으나 그럴 수는 없었다. 또 알려주고 싶은 사람이 아내뿐이었겠는가. 그러나 저러나 당장 전화가 오면 아무 일 없었다는 듯이 자연스럽게 응대하는 것도 쉽지 않았고, 사무실에 찾아온 동료 과장과 직원들을 만나 표정 관리를 하는 것은 더욱 신경이 쓰였다.

얼추 점심시간이 되었을 때 직원들이 몰리는 시간대를 피해서 좀 늦게 내려갈까 어떨까를 잠시 고민하다가 '내가 뭐 큰 죄를 지었나?'라고 하면서 원래 가는 시간대에 내려갔다. 사무실을 나와 먼저 직원들을 마주친 곳은 역시 엘리베이터였다. 8층에서 대기하고 있다가 같이 탄 2명을 포함하여 엘리베이터 내에는 나까지 포함하여 벌써 5명이나 되었다. 먼저 타고 있던 직원들은 진즉 열을 올리면서 합참 각 참모부의 진급 유망 대상자들을 거명하며 자신들의 예상을 자신하는 듯 말을 했다. 대화를 나누고 있는 직원 중에는 평소 나와 안면이 있는 직원도 있었는데 내 이름이 거명되지 않자, 나에게 미안하다는 식의 표정을 보내면서 다소 쑥스러워하는 듯해 보였다. 나는 속으로 '야 이놈들아! 두고 봐. 얼마 안 있으면 나를 거명하지 않은 거 너희들 후회할 거야.'라고 하면서 내심 어깨를 으쓱해 보였다. 그러면서도 그때마다 표정 관리를 어떻게 할 것인가를 세심하게 신경을 써야 했다. 그런데 식당이 지하 1층에 있고 식사 시간대이다 보니 엘리베이터는 내려가면서 거의 각 층에 정차하다시피 했다. 그러다 보니 엘리베이터는 거북이걸음을 하는 가운데 진급 이야기는 새로 탑승한 직원들까지 가세하여 흥미진진하게 계속 이어졌다. 나는 약간의 긴장과 지루함 속에서 속으로는 내밀한 나만의 즐거움을 만끽하고 있었다.

국방부(합참) 과장 식당에 가보니 여기는 상대적으로 조용하면서도 가라앉은 듯한 느낌이 들었다. 그것은 아마도 현역일 경우에는 대부분 진급 대상자였고 진급 대상자가 아닌 일반 공무원일 경우에도 조심스러운 부분이 있었기 때문이 아닌가 싶었다. 마침, 평소 잘 알고 지내는 과장이 같은 식탁에 앉자마자 진급 이야기를 꺼내길래 나는 관심이 없다는 듯이 천연덕스러운 표정을 지으며 모르는 체하고 넘어갔다. 점심을 끝낸 후에는 누구를 만나보기도 그렇고 해서 사무실로 곧바로 올라와 발표가 있기를 기다릴 수밖에 없었다. 드디어 얼마 안 되어 진급을 축하한다는 전화가 빗발쳤다. 그제야 막간을 이용하여 아내에게 '여보, 나 진급했어!'라고 하고는 그동안 쌓였던 스트레스, 초조, 피로, 울분, 통쾌 같은 감정의 응어리를 모두 날려버리는 진정한 의미의 카타르시스를 경험하면서 울컥했다.

어찌 보면 기무사 김 중령으로부터 진급이 되었다는 소식을 접한 후 발표에 이르기까지의 서너 시간은 세상 사람들은 모르고 있는데 나만 알고 있는 비밀을 세상 사람들로부터 지켜내야만 하는 시간이었다. 이를 위해서는 비밀을 유지해야 한다는 굳은 결의와 의지 하에 비밀이 샐 수 있는 곁을 주지 않기 위해 가급적 접촉을 자제하는 가운데 혹여 접촉이 있더라도 표정 관리를 안면박대하고 평상심을 잃지 않는 강심장이 수반되어야 한다는 것을 깨달았다. 나는 국방부 보안과장을 2년이나 하면서도 깨닫지 못한 진실을 진급 발표를 계기로 비로소 깨닫게 되는 아이러니를 겪었다.

## 여단장 시절

1998년 6월 22일 속초 지역 잠수정 침투 사건은 2년도 채 안 된 강릉 지역 무장공비 사건의 악몽이 완전히 가시기 전에 발생한 사건인 데다가, 당시 연초에 취임한 김대중 대통령의 햇볕정책이 추진되고 있는 상황에서 발생하여 국민에게 커다란 충격을 안겨 주었던 사건이었다. 이 사건이 터지자마자 육군본부는 곧바로 해안 경계 실패의 책임을 물어 102여 단장의 보직을 해임하고 나를 그 자리에 임명했다. 당시 1군 정보처장으로 근무하고 있던 나는 군사령관에게 간단히 신고를 마친 후에 곧바로 임지로 향했다. 장군급 지휘관으로서는 6·25 전쟁 이후 최초로 이취임식 행사 없이 군단장에게 신고하는 것으로 취임을 가름했다. 그 정도로 당시 상황은 급박했다. 왜냐하면 여러 가지 상황이 맞물려 국민의 불안 심리를 잠재워야 할 필요가 있었기 때문이다. 이후 나는 약 한 달 동안 사무실에 침대를 깔아놓고 지내면서 업무 파악에 전념하는 가운데 속초에서 강릉에 이르는 책임 지역 경계를 강화하고 지역 주민의 안정화에 심혈을 기울여야 했다.

 나는 대령 진급 후에 곧바로 동해안 축선을 맡고 있는 8군단 정보참모로 근무한 경험이 있어 이곳 사정에 비교적 밝은 편이었으나, 우선 현장의 경계 및 작전 요소들을 파악하기 위하여 밤낮을 가리지 않고 해안선 순찰을 돌았다. 해안선 순찰은 때가 때인지라 과거에 침투한 지역과 침투 가능성이 높은 지역을 중심으로 면밀히 이루어졌다. 그리고 해안 경계 근무 시스템과 실태를 점검하여 수면시간은 보장하면서 어떻게 하면 최선의 교대근무와 순찰 방법을 강구할 수 있는지를 검토하고 시행을 반복하기도 했다.
 특히 경계근무 초소 위치의 적절성과 초소 자체의 견고성, 기도비닉, 전투 효율성 여부 등은 초기전투 승패의 결정적 요인이므로 과감한 조정과 보강을 추진했다. 나는 우리 여단의 해안 경계근무 초소구축 실태를 당시 육군지에 게재하여 다른 부대에서도 참고하도록 해서 공감대를 형성하기도 했다. 아울러 해안 소초 내에서의 인화 단결을 위하여 내무생활 여건을 조성하고, 간부 가족 방문 행사 및 PX 차량의 수시 운영 등을 통하여 장병들의 복지와 사기를 북돋아 주는 데도 신경을 썼다.

 얼마 후에는 해안선에 설치된 철책이 노후화 정도의 심화로 무용지물이 되어서 이참에 교체해야 한다는 건의가 받아들여져 약

50㎞에 이르는 여단 전 책임 지역의 철책을 교체하는 공사가 진행되었다. 우리 여단은 지역 주민의 의견을 최대한 반영하여 일부 해수욕장 등 철책 설치가 불필요한 지역을 제외하고는 지형적인 조건과 공사의 난이도에 따라 철책 형태를 달리하여 공사를 진행하였고 경계근무의 효율성과 지역 주민의 편의성을 고려하여 최소한의 통문을 설치 운용하는 것으로 했다. 경계근무를 하면서 진행된 철책 공사는 단 한 건의 안전사고도 없이 가장 짧은 시간에 완벽할 정도로 끝낼 수 있었고 기간 중 참모총장이 격려차 방문하기도 했다. 이쯤 되어서 잠수정 침투 사건으로 인한 어수선한 분위기가 가시고 여단의 전투력은 급격히 상승하는 기세를 보였고 지역 민심도 안정화되어 갔다. 그런 덕분에 다음 해 가을에 있었던 속초 엑스포에 대비하여 행사 주최 측에서 요청하는 여러 가지 관련 사항을 여유 있게 지원해 줄 수도 있었다.

호사다마라고 했던가? 그다음 해 4월에 고성에서 발생한 산불은 걷잡을 수 없을 정도로 순식간에 남쪽으로 밀고 내려왔다. 나는 사태의 심각성을 깨닫고 전 부대에 산불 경보를 하달하고 우선 각급 부대에 5분대기조와 초동타격대를 긴급 대기시킨 상태에서 산불 진화 요령 교육과 연습을 반복토록 했다. 군부대 시설에 대한 조치를 우선한 가운데 책임 지역 내에서 산불 신고가 접수가 되면 소방서와 협조하여 즉각 출동, 초동 조치토록 했고, 특히 산불 진화 후에는 잔불을 완전히 제거하도록 했다. 당시 지역 내에서 신고접수를 받고 초동 조치한 곳만 해도 대여섯 군데는 된 듯싶다. 이렇게 노력한 데에 힘입어 울진까지 밀고 내려갔던 산불이 설악산 국립공원을 포함해서 우리 책임 지역만이 비껴갈 수 있었으니 얼마나 다행스러웠는지 모른다. 정말로 하늘의 도우심이다! 동해안 지역은 매년 눈과 바람 때문에 엄청난 자연재해를 입고 있는 실정에 있었다. 그래서 예로부터 통고지설(通固之雪 : 通川과 固城은 눈이 많고), 양강지풍(襄江之風 : 襄陽과 江陵은 바람이 많다)이라고 하지 않았던가?

  보병 제102여단장으로서 근무했던 2년 남짓한 기간은 돌이켜보면 꿈만 같던 시절이었다. 회고컨대 우선 장군 지휘관으로 처음 근무하다 보니 책임의 중차대함을 통감하면서 오직 최선의 결정과 추진력으로 양질의 결과를 얻겠다는 의지가 각별했었던 것 같았다. 더구나 상급 지휘관들의 전폭적인 지지와 지도, 그리고 예하 지휘관 및 참모와 장병들의 충성스럽고 헌신적인 근무가 뒷받침되어 한 단계 업그레이드된 최강의 보병 제102여단을 육성할 수 있었다.
  여기에 더하여 당시 여단장 공관은 관동 8경의 하나인 낙산사 전경을 한눈에 조망할 수 있는 산등성이에 자리 잡고 있어서 입지적인 전망이 뛰어나 전군(全軍)에서 3대 공관 중의 하나로 알려져 있었고, 바로 이곳에서 동해 일출의 변화무쌍함을 감동으로 맞이하면서 매일 아침을 시작하였으니 얼마나 감사한 일인가? 그리고 사령부 인근에 있는 열악한 환경의 초등학교에 일부 교육 자재와 과외교사를 전폭적으로 지원하여 학생들의 학업능력이 대폭 향상되는 결과를 낳기도 했다. 이 소식을 접한 강원도 교육감은 갑자기 초등학교에 방문하여 여단장에게 감사패를 전달하면서 몇 번이나 감사의 예를 표하기도 했다. 하늘의 뜻을 안다는 지천명(知天命)의 나이에 여단장을 해서인가? 어려움도 많았지만, 분에 넘치는 감사할 일이 너무나 많았다. 이참에 생사고락을 같이한 장병들과 음으로 양으로 도움을 주신 모든 분에게 다시 한번 감사의 말씀을 드린다.

# 생각의 마술

나는 이십여 년 전에 어느 이동통신사의 광고 문구인 '비비디 바비디 부'(bibidi-babidi-boo)가 선풍적인 인기를 끈 것을 아직도 선명하게 기억하고 있다. 이는 월트디즈니의 신데렐라에 나오는 요술 할머니가 왕자님이 초청하는 파티에 신데렐라가 참석할 수 있도록 누더기를 예쁜 드레스로 바꾸고, 호박을 마차로 바꿀 때 사용했던 일종의 간절한 기도문이다. 한 마디로 자기 생각과 꿈을 현실로 바꿔주는 요술 용어인 것이다. 해당 광고는 무엇이든지 '생각하면 생각대로' 이루어질 수 있다는 메시지를 담고 있다.

미국의 유명한 실용주의 학자인 윌리엄 제임스(William James)는 "생각이 바뀌면 행동이, 행동이 바뀌면 습관이, 습관이 바뀌면 성격이, 성격이 바뀌면 인격이, 인격이 바뀌면 운명이 바뀐다."라고 했으니 결국 어떤 생각을 갖고 살아가느냐에 따라서 그 사람의 운명이 바뀐다는 말로 생각의 중요성을 강조하고 있다.

생각의 중요성을 강조하고 있는 것은 동서양이 따로 없다. 일찍이 중국 남송 시대의 주자(朱子)는 '정신일도 하사불성(精神一到 何事不成)'이요, '양기발처 금석역투(陽氣潑處 金石亦透)'라고 하여 '정신(생각)을 한곳에 집중하면 못 이룰 일이 없고, 양기가 도처에 발하면 돌덩이와 쇠붙이도 뚫을 수 있다.'라고 가르친 바 있다.

6·25 전쟁 당시 생사를 넘나들면서 혁혁한 전공을 세웠던 이한림 장군(1군 사령관, 건설부 장관 역임)은 그의 회고록에서 피비린내 나는 전쟁터를 누비면서 매 고비를 맞을 때마다 항상 '제 생각과 말과 행동을 자유롭게 하여 주시옵소서'라고 주문 외우듯이 기도한 덕분에 계속되는 전투 상황에서도 본연의 임무와 중심을 잃지 않고 나름대로 최선을 다할 수 있었다고 술회하고 있다.

물론 앞서 제시한 '생각들'은 긍정적인 마음가짐과 결합할 때, 우리의 인생을 보다 살맛이 나고 가치 있는 것으로 살찌워나갈 수 있을 것으로 보인다. 그런 의미에서 아일랜드 출신의 영국 극작가 버나드 쇼(Bernard Shaw)가 포도주잔에 남아있는 포도주를 보고 긍정적인 생각과 부정적인 생각을 하는 사람의 차이를 극명하게 구분하면서 모름지기 긍정적인 마음가짐 갖기를 권면한 것은 너무나 당연하고 자연스러운 발상과 접근이라고 볼 수 있겠다.

특히 버나드 쇼는 앞서 살았던 선각자답게 자신이 죽거든 자신의 묘비에 '나는 우물쭈물하다가 이런 일(죽음)이 일어날 줄 알았지.'(I knew If I stayed around long enough, something like this would happen)라는 문구를 새겨놓으라는 유언을 함으로써 후세 사람들에게 교훈적인 삶의 지표를 제시하고 성찰을 촉구한 바 있었다. 이는 극작가다운 면모를 유감없이 발휘했다는 점에서 이 시대를 살아가는 많은 이들에게 아직도 존경과 귀감의 대상이 되고 있다.

나는 이처럼 동서고금을 통하여 어느 한 사람이 어떤 생각을 갖고 인생을 살아가느냐에 따라 천차만별의 결과로 이어진다는 만고불변의 진리를 되새겨보면서 우리들의 생각이 보다 밝고 긍정적인 생각으로 채워지기를 소망해 본다. 그래서 생각이 갖고 있는 마술적인 속성을 통하여 개인과 사회와 나라의 꿈이 현실로 우리 앞에 다가올 수만 있다면 얼마나 살기 좋은, 살아볼 만한 세상이 되겠는가?

# 군대의 꽃 사단장

예로부터 사단장은 군대의 꽃이라고 했다. 이는 제병협동작전을 할 수 있는 여건을 보장하고 있는 가장 강력한 단위부대이면서 병사들과 호흡을 같이 할 수 있는 최고의 전술부대이기 때문이다. 그래서 군에 몸담은 사람이라면 누구나가 사단장을 한번 해보고 싶어 한다. 나는 당시 사령부가 창원에 위치하던 시절에 진해시를 제외한 경상남도 전 지역을 책임지고 있던 보병 제39사단장을 했다. 그 이후 사령부는 2015년 5월에 함안군으로 이전하였다.

39사단의 책임 지역인 합천군 초계면에는 나의 시조 할아버지 묘소가 자리하고 있어서 진즉 관심이 있었는데, 마침내 사단장으로 부임한 이후 얼마 되지 않은 시점에 첫 참배를 드릴 수 있어서 감회가 새로웠다. 시조 할아버지 광유후(光儒侯)께서는 고려 현종에 문과에 장원하시고 문종 원년에 예부상서(禮部尙書) 중추원사(中樞院使)에 이르신 분이다. 시조 묘소에 참배하면서 나는 '조상님의 은덕으로 경남 향토 사단장이 되었으니, 보국안민으로 충성을 다하겠다'라는 결의를 다지기도 했다. 그래서 그런지 사단장 재임 중에는 시조 할아버지에게 조금도 부끄러움이 없는, 그야말로 자랑스러운 후손이 되어야겠다는 생각이 늘 충만해 있었다. 그런 덕분에 6·25 전쟁 이후 사단급 부대로서는 전무후무하게 재임 기간 중 대통령 부대 표창을 3회 수상하는 영광을 안은 바 있다. 특히 중국 민항기 사고 처리와 군사 대비 작전 지원 유공을 비롯하여 책임지역 내 지리산 천왕봉 정상 부근의 통신시설을 말끔히 철거하여 자연생태계로 복원시켰는가 하면, 한려수도를 연하여 해안 지역에 방치되었던 해안소초 및 폐벙커 시설들을 대대적으로 철거하여 주변 경관을 원상 복구하였고, 낙동강 하구에 떠내려온 쓰레기 수거 정화 활동 등을 지속적으로 실시하여 환경보호 운동 확산에 나름 이바지한 것은 큰 보람으로 여겨진다.

사단장을 하는 동안 도 단위 기관장을 포함하여 많은 분이 사단의 원활한 업무 수행과 발전을 위해 각별한 도움을 주셨고 특히 인근 진해는 해군 전력의 핵심 부대들이 포진하고 있어 해군 제독들과도 돈독한 관계를 유지할 수 있었다. 여기에 더하여 사단장에게 도움을 청한 분들도 많았다. 사안에 따라서 옳다고 판단이 되면 적극 도움을 드리기도 했다.

그중의 대표적인 사례로 6·25 전쟁 당시 육군참모총장을 역임한 채병덕 장군의 전사비 건립에 관한 건이었다. 전사비 건립이 성사되기까지의 전말은 다음과 같다.

하루는 사단장실에 6·25 전쟁 당시 한석산 전투의 영웅이신 손희선 장군님이 찾아오셨다. 장군님은 9사단 30연대장으로 참전하시어 1951년 5월 인제 동쪽의 한석산 부근에서 적 12사단과 맞붙어 대승을 거두신 분이었다. 장군님은 박정희 대통령과 육사 동기로서 육군 소장으로 예편하신 후에는 국가안보회의 상근위원(장관급)과 삼양광학 회장을 역임하셨고 이후에는 호국영령 추모 및 유족 원호 사업에 헌신해 오셨던 분이기도 하다.

방문 목적은 전쟁 초기 육군 총수를 두 번에 걸쳐 총지휘했던 채병덕 장군에 대한 전사비 재건립을 위한 예산을 경남도에 요청해 달라는 부탁이었다. 채병덕 장군은 육군참모총장에서 해임되고 나서 영남편성관구 사령관의 직함으로 마지막 하동 전투에서 미 제29연대 장병과 함께 정찰 중에 순직하였다. 물론 채병덕 장군에 대한 평가는 극과 극으로 갈리지만, 공과를 떠나 마지막까지 백의종군하다시피 하면서 국가를 위해 헌신했다는 점에서 정중하게 그 충정을 기릴 필요가 있다는 것이었다. 나는 취지에 적극 공감하고 도지사를 만나 채병덕 장군의 전사비 재건립과 아울러 미군 전사자 313명의 위령비 건립도 함께 요청하여 성사하기에 이르렀다.

제막식에는 김혁규 경남지사를 비롯하여 박희태 국회의원, 백선엽 예비역 대장, 이상훈 재향군인회 회장, 김영관 성우회 회장, 베이트리 베리 유엔군 소장 그리고 유족과 주민 등 300여 명이 참석했다. 이후 손희선 장군님은 사단사령부에 두어 차례 더 방문하셔서 사단 참모들에게 좋은 말씀을 주셨는가 하면, 내가 사단을 떠나 합참 군사정보부장으로 근무할 때는 나를 위해 일부러 내로라하는 군 원로 선배님들과 함께 국방회관에서 성찬을 베풀어 주시기도 하였다. 돌아가시기 전까지도 나에게 장문의 육필 격려 서신을 보내주시는 등 각별한 애정을 표해 주셨다. 참으로 감읍할 따름이다.

 사단장을 '군대의 꽃'이라고 하는 이유 중의 하나로는 사단장의 업무 수행 성격상 사단 장병 이외도 많은 사람을 만날 수밖에 없다는 점도 빼어놓을 수 없을 것 같다. 이는 만남의 폭이 넓고 깊이가 깊어지면 다양한 만남을 통하여 전체를 아우를 수 있는 경륜을 쌓게 됨은 물론, 때로는 좋은 만남과 인연을 통하여 정신적으로 풍요로운 삶을 이어갈 수가 있어서가 아닌가 싶다. 사단장을 끝마치고 나서 자신을 돌아보니, 모르는 사이에 크게 성장해 있음을 확인하고, 적이 자랑스럽게 생각한 적이 있다. 사단장의 중책을 성공적으로 마칠 수 있도록 도움을 주신 모든 분에게 감사드린다.

## 금락내락(今樂來樂)

고대 로마 시대의 서정시인 호라티우스가 당시 아우구스투스 황제에게 바친 시의 한 구절인 카르페 디엠(carpe diem)은 톰 슐만(Tom Schulman) 작의 영화 〈죽은 시인의 사회(Dead Poets Society)〉에서 교사 존 키팅 역을 맡은 로빈 윌리엄스(Robin Williams)가 학생들에게 들려준 경구로 도전과 자유정신을 상징한다.

우리가 인생을 살아오면서 가끔은 누구나가 '내 삶의 기준과 목표는 무엇일까?'라는 의문을 제기하면서 나름 해답을 찾기 위해 이런저런 생각을 하면서 밤잠을 설칠 때가 있다. 나는 이럴 때마다 앞에서 언급한 카르페 디엠(carpe diem)이 우리 삶의 기준과 목표가 되어야 하지 않을까 하는 생각을 해 본다. 나이가 들어가면서 이런 생각에 더욱 확신이 들기도 한다.

이는 SNS Pinterest에서 매년 발표되는 트렌드에서 YOLO(You

only live once)가 대세를 차지하고 있는 것과도 맥을 같이한다. 다시 말하면 시쳇말로 흔히들 말하는 "인생 한번 살지 두 번 사냐?"와도 같은 의미이다. 오직 한번 밖에 못사는 인생이니 오늘 이 시각 지금, 이 순간에 방점을 두고 즐겁게 살아가라는 함의를 갖고 있다.

아래 영문은 20여 년 전에 코리아 헤럴드 칼럼 『Ann Landers』(지금은 Dear Annie로 게재)에 소개된 글로서 위에 예시들과도 연관이 있을 뿐만 아니라 현시대를 살아가는 모든 이들에게 귀감이 될 수 있는 소중한 글이라 생각하여 소개하고자 한다.

Bible says no one knows what day or hour the world will end.
성경에 의하면 언제 세계가 종말을 고할지 아무도 모른다고 합니다.

The thing everyone seems to forget is that every minute of every hour of every day, the world comes to end for somebody.
매일, 매시간, 매분 마다 누군가에게는 종말이 오고 있다는 것을 우리가 모두 잊고 있는 것 같습니다.

We are all together to die, sooner or later. No matter how healthy we are, eventually, our parts wear out.
So, what is the big deal?

우리는 모두 머지않아 죽습니다. 우리가 아무리 건강할지라도 결국에는 우리의 수족은 없어지고 맙니다. 그래서 뭐가 중요하다는 건가요?

The message is, live every day as if it were your last.
Don't put off the pleasures and joys for another time.
It's always later than you think.
전할 메시지는 매일 오늘이 마지막이라 생각하고 사십시오. 기쁨과 즐거움은 다음으로 미루지 마십시오. 생각보다 항상 더 늦습니다. (=미루면 늘 후회합니다.)

따라서 나는 오늘을 사는 모든 이들에게 어떻게 하면 위에 열거한 말들을 요약하여 한마디로 표현할 수 있을까 하고 고민하다가 결국에는 금락내락(今樂來樂)이라는 사자성어를 만들었다. 우리말로는 '오늘을 즐기고 내일도 즐겨라.'이다. 우리말로도 간단명료하여 전파력 또한 있을 것 같다는 생각이 든다.

인간의 행복이 즐거움에 있을진대 무슨 일을 하던 간에 즐거움이 있으면 못 할 일이 없을 뿐만 아니라 궁극적으로는 자신이 목표하는 바를 달성함으로써 자기실현을 성취할 수 있으므로 우리 모두 금락내락(今樂來樂)의 실천을 통하여 기쁨이 넘치고 축복받는 하루하루가 되기를 소망해 본다.

# 이임 + 전역식

통상 불가(佛家)에서 많이 회자(膾炙)되고 있는 '회자정리(會者定離) : 만남이 있으면 헤어짐이 있고, 거자필반(去者必返) : 떠남이 있으면 돌아옴이 있다'라는 경구(警句)를 모르는 바는 아니지만 별리(別離)는 언제나 마음이 아프고 안타깝다는 생각을 지을 수가 없다. 36년간의 군 생활 중 수많은 만남과 헤어짐을 반복하면서 웃고 우는 기쁨과 슬픔을 겪어왔다. 일반 직장 생활과는 달리 엄격한 규율하에서 때로는 강제적인 통제가 허용될 수 있는 병영생활은 극과 극을 넘나드는 개연성을 내포하고 있다. 이러한 이유로 인하여 공동의 목표에 집중하고 성취하고자 하는 동기부여가 강한 가운데 정체성에 기반한 진한 전우애가 맺어져 끈끈한 인간관계가 형성되는 경우가 많다. 이렇게 형성된 특유한 인연이 일정 시간이 지나면 단절로 이어지다 보니 마음이 어찌 아프고 안타깝지 않을 수가 있겠는가? 긴 계절 여름의 고통 같은 형질을 짓 씹으며 수많은 별리를 감내하여 왔던 지난날을 되새기는 가운데, 다음은 나의 마지막 보직인 OOO부대 사령관을 이임함과 동시에 전역하는 식전에서 행한 나의 이임 및 전역사(轉役辭)의 주요 내용으로서 참고로 소개하고자 한다.

(전략)

더욱이 부대창설 반세기를 맞이한 시점에서 저는 역대 선배 전우들의 숭고한 정신과 업적, 전통을 계승 발전시킴은 물론 조기경보 최첨병으로서의 사명감과 국가안보의 막중한 책임감 그리고 무한한 자존심을 고양하는 데 중점을 두고 우리 부대와 부대원의 혼이 담긴 부대훈(우리는 어둠 속에서 빛을 창조한다!)을 제정하기에 이르렀습니다. 이로써 24시간 밤낮으로 적이 보이지 않는 최전선에서 씨름하고 있는 우리 부대원 모두가 한마음 한뜻으로 한 목표를 향하여 더 힘차게 맥진(驀進)해 나갈 수 있는 계기를 마련했다는 점에서 매우 기쁘게 생각합니다.

자랑스러운 부대 장병 여러분! 이제 본인은 떠나지만 우리 부대의 숭고한 사명과 임무는 영원할 것이며 우리 군의 미래 또한 어떠한 변화와 도전이 있어도 능히 헤쳐나갈 수 있으리라 믿어 의심치 않습니다. 다만 여러분과 끝까지 함께 하지 못하고 못다 한 과업을 뒤로한 채 부대를 떠나게 되어 아쉬움이 많이 남지만 다행히 지략과 덕망을 겸비한 OOO장군에게 지휘권을 이양하게 됨을 마음 든든하게 생각하며 앞으로 신임 사령관이 지휘하는 OOO부대가 더욱 발전해 나갈 것이라고 확신해 마지않습니다.

아울러 이 자리를 빌려서 36년간의 군 생활을 회고하고자 합니다. 군문에 들어선 이후 전후방 각급 지휘관과 참모 등을 역임한 후 마지막으로 오늘 OOO부대 사령관직을 마치고 영예스럽게 군문을 떠나게 된 것은 저 개인에게는 최고의 영광이자 축복이라고 생각하면서 그동안 저에게 많은 은혜와 기회를 베풀어주시고 영광된 자리에서 봉사할 기회를 주신 하나님과 나의 조국 대한민국에 우선 감사드립니다.

그리고 제가 오늘 이 자리에 있기까지는 생도 시절부터 변함없는 우정과 격려를 보내주시었던 동기생들과 각급학교 동창들, 지인 여러분은 물론, 항상 군인으로서의 정도만을 가르치고 이끌어 주셨던 선배님들, 그리고 저와 동고동락을 같이 하며 특별히 잘해 주지도 못했음에도 불구하고 언제나 충성스럽게 따라준 후배들과 전우 여러분의 한결같은 도움이 있었습니다. 이 모든 분의 은혜에 변변히 보답하지도 못한 채 저는 떠납니다만 그 따뜻하고 고마운 마음은 제 마음속에 언제까지나 고이 간직하겠습니다.

이제 자연인으로 돌아가서 한 가정의 가장으로서 아내와 자녀에게 그동안 못다 했던 역할도 충실히 하면서 나의 조국 대한민국과 우리 군이 나날이 발전하는 모습을 지켜보고 성원하겠습니다. 끝으로 이 뜻깊은 식전을 주관해 주신 OOO 님과 바쁘신 가운데도 참석해 주신 내외빈 여러분께 다시 한번 감사드리며 새로 취임하는 사령관 OOO 장군을 정점으로 부대원 모두가 굳게 단결하여 부여된 임무 완수에 최선을 다해줄 것을 당부하며 여러분 모두의 건강과 건투를 기원합니다.

이제 마지막으로 이 식전을 떠나면서 이형기 시인의 낙화를 낭송하는 것으로서 군문을 떠나는 저의 소회를 대신하고자 합니다.

가야 할 때가 언제인가를
분명히 알고 가는 이의
뒷모습은 얼마나 아름다운가.

분분한 낙화······
결별이 이룩하는 축복에 싸여
지금은 가야 할 때

무성한 녹음과 그리고
머지않아 열매 맺는
가을을 향하여

여러분 그동안 수고 많았습니다. 안녕히 계십시오.

# 큰형수님

나에게 큰형수님은 어머니와 같은 분이다. 왜냐하면 나는 태어나서 고등학교를 졸업할 때까지 큰형수님의 뒷바라지를 받으면서 성장해 왔기 때문이다. 내가 막내이다 보니 어머니가 41세 되던 해에 태어났고 이때 큰형수님은 21세로서 그 전 해에 우리 집에 시집을 오셨다. 내가 태어나서 얼마 안 되어 큰형수님 역시 딸을 낳았으나 전쟁 통에 잘 돌보지를 못해 저세상으로 떠나보내고 말았다. 그 이후 큰형수님이 지금의 장녀를 7년 만에 얻기까지는 아무래도 어머니의 손길이 바쁘다 보니 큰형수님이 나를 돌보는 일이 많았다고 한다.

큰형수님은 춘천시에서 나름 크게 운수업을 하시던 부친 슬하의 차녀로 태어나 큰 어려움 없이 지내오다가 시골집의 맏며느리로 갑자기 큰살림을 맡아 꾸려오면서 온갖 고생을 마다하지 않고 버텨 오신 분이다. 특히 우리 어머니가 시골 살림에는 이골이 나신 분인 데다가 맏며느리를 제대로 가르쳐 놓지 않으면 안 되겠다는 욕심이 남다르셔서 큰형수님이 어머니 밑에서 겪은 고초는 말로 다할 수 없을 정도였음이 분명하다. 때로 나는 어린 나이임에도 불구하고 어머니가 큰형수님을 구박할 때는 어머니가 너무 하신다는 생각과 함께 큰형수님이 안쓰러워 보여 큰형수님 편을 들기도 했다.

우리 큰형님은 초등학교 시절 공부를 게을리해서 부모님의 속을 썩이다가 결국에는 운전을 배워 트럭 기사가 되었는데 동해안에서 해산물을 싣고 서울을 오가는 수송업에 종사하기에 이르렀다. 당시 수송 수단이 열악했던 시기인지라 트럭 기사들의 수입이 짭짤해서 처음에는 조수로 발을 붙였던 큰형님은 얼마 후에는 기사가 되었고 나중에는 트럭 2대를 운영하는 사업주가 되었다. 그러다 보니 큰형님은 동해안과 서울을 오가면서 반드시 거쳐야만 하는 길목에 있는 우리 집을 들러서 동해안의 싱싱한 고기를 상자째로 내려놓고 부지런히 떠났는데 가끔 일정이 허락하면 바깥채 살림집에서 하룻밤을 묵고 떠나기도 했다. 그러나 이마저도 여러 가지 변수가 생기면 본의 아니게 동가숙서가식(東家宿西家食)하는 경우가 많았다. 그럴 때면 온 집안 식구들이 밤잠을 설쳐가며 애를 태웠다. 특히 큰형수님은 시부모님을 모시고 있으면서 이렇다 할 내색도 하지 못한 채 얼마나 마음고생을 많이 하셨을까 하는 생각을 해본다.

그러다가 내 바로 위의 형과 내가 춘천중학교에 같이 다니기 시작하면서부터는 잠시 어머니가 우리와 함께 계시다가 큰형님 운수회사가 춘천에 있다 보니 어머니가 큰 결심을 하셔서 당신이 다시 시골로 내려오시고 큰형수님을 춘천으로 불러들여 큰형님 내외가 같이 살도록 배려하셨다. 이후 나는 고등학교를 졸업할 때까지 춘천집에서 큰형수님이 지어주는 밥을 먹으며 학교에 다녔다. 모르긴 해도 성질이 만만찮은 시동생 둘의 비위를 맞춰가면서 살다 보니 속이 문드러질 때가 많지 않았겠나 싶다. 여기에 큰형님의 바람기까지 더했으니, 하루도 평안할 날이 없이 속을 얼마나 태우셨겠는가?

큰형수님은 나하고는 무려 강산이 두 번 변하고도 남는 세월의 차이가 있었음에도 내가 장가가기 전까지는 "도련님", 장가간 이후에는 "서방님"이라고 늘 깍듯한 어조로 불러주어 한치도 법도에 어긋남이 없어 보였다. 큰형님이 불의의 교통사고로 돌아가신 후에는 53세의 나이에 과수가 되어 한창 자라나는 조카들의 뒷바라지에 여념이 없으셨다. 내가 동해안 지역에서 여단장을 하던 시절에 여단장 공관에서 큰형수님을 모시고 좋은 시간을 보낸 지 얼마 안 된 시점에 갑자기 위독하시다는 전갈을 받았다. 당시 해안 경계를 책임지고 있는 여단장이 위수지역을 떠나는 것이 쉽지만은 않았지만 무슨 일이 있어도 임종 전에 찾아뵈어야겠다고 결심하고 춘천에 도착했다. 건강하시던 큰형수님이 뼈만 남아 있는 채로 비몽사몽간에 나를 쳐다보는 모습을 보면서 나는 군복을 입고 있는 사실도 잊고 설움이 복받쳐 한동안 격정적으로 울어버리고 말았다. 아버지 돌아가신 후 삼년상이 지날 무렵에 큰형수님과 함께 시골 내평리 한터에서 춘천으로 가는 버스를 기다리고 있을 때 소복을 입고 있었던 큰형수님이 중학교 2년생의 눈에 얼마나 아름답게 보였는지 오랫동안 기억되었는데 바로 그때 그 모습이 임종을 앞둔 큰형수님의 모습에 겹치면서 나를 더욱 슬프게 했다.

대갓집 맏며느리로 우리 집에 오셔서 편안할 날이 없이 늘 근심과 걱정으로 한세월을 보내신 우리 큰형수님! 출가외인(出嫁外人)과 여필종부(女必從夫)를 더할 수 없이 높고 순수한 가치로 여겼던 시절의 아낙네 삶의 표본이었던 우리 형수님! 형수님 덕분에 그나마 우리 집안의 대소사가 잘 처리되고 가세가 크게 일어설 수 있었음에 감사드립니다. 특히 큰형님과 시동생들 뒷바라지에 헌신과 희생으로 성심을 다해주셨음에 머리 숙여 감사드립니다. 부디 하늘나라에서는 모든 것을 훨훨 털어버리시고 평안한 마음으로 영면하시기를 재삼 기원합니다!

# 4부
# 교육은 내일의 등불

우리는 모두 죽을 때까지 이 열정의 불길을 지펴서 생동감 있는 인생을 살아갈 수 있도록 스스로 노력했을 때 비로소 아름다워질 수가 있으며 후회가 없을 것입니다.

# '스승'이라는 말의 의미

성공한 사람들이 공통적으로 내세우는 성공 비결이 있다. 바로 스승을 잘 만났기 때문에 성공할 수 있었다는 것이다. 학교 다닐 때 선생님의 칭찬 한마디가 인생을 송두리째 바꾸어놓았다는 사람도 있다. 또 직장 상사, 친구를 잘 만나서 성공할 수 있었다는 사람들도 있다. 이렇게 사람의 인생을 바꿀 수 있는 스승을 잘 만나는 방법은 무엇일까?

한국폴리텍Ⅲ대학장으로 재직하고 있을 당시에는 학생에 의한 교권 침해가 사회 문제화가 되어 국민적 관심과 우려가 컸던 시기였다. 이에 교직에 몸담고 있었던 한 사람으로서 나름 책임감을 통감하면서 그 해 스승의 날을 맞이하여 스승의 의미를 되새겨보는 글을 아래와 같이 한겨레신문(2012. 5. 10일 자)에 기고한 바 있다.

공자는 논어 술이편(論語 述而篇)에서 三人行, 必有我師焉(삼인행, 필유아사언) 擇其善者而從之, 其不善者而改之(택기선자이종지, 기불선자이개지) 즉, "세 사람이 길을 가더라도 그중에 반드시 내 스승이 될 만한 사람이 있는데 이는 그들 중 좋은 점을 가진 사람의 장점을 가려 이를 따르고, 좋지 않은 점을 가진 사람의 단점으로는 자신을 바로잡을 수 있기 때문이다."라고 말했다.

일반적으로 스승이라고 하면 대체로 나보다 훌륭한 사람을 생각하기 쉽지만, 훌륭하지 못한 사람도 모두 내 스승이 될 수 있다는 말씀이다. 이는 좋은 점을 가진 사람을 스승으로 삼는 것은 물론이고, 좋지 않은 점을 가진 사람도 반면교사(反面敎師)로 삼아야 한다고 이미 2,500년 전에 적시한 명쾌한 말씀이라 생각된다.

그러나 실제 생활에서 훌륭한 스승을 찾기란 그리 쉬운 일이 아니다. 학생은 배우겠다는 의지가 있을 때 비로소 그 눈에 스승이 들어오며 스승을 따르려는 마음을 품게 된다. 또한 스승과 제자가 서로 존중하며 배우고자 하는 마음이 있어야 한다. 그렇지 않다면 진정한 스승과 제자 관계는 성립될 수 없다.

요즘 신문이나 뉴스를 보면 학생의 잘못을 훈계한 교사를 폭행하거나 체벌을 가한 교사를 경찰에 신고하는 기사, 왕따를 당하는 학생을 그대로 방치하여 꽃다운 나이에 자살을 선택하게 된 가슴 아픈 기사를 자주 접하게 된다. 이런 기사를 볼 때마다 우리 사회에 스승과 제자 간의 서로에 대한 믿음이 엷어져 가고 있는 것 같아 안타까움을 금할 수 없다.

지성인들의 요람이라는 대학도 별반 다르지 않다. 학생들이 교내에서 교수에게 인사하지 않고 외면하는 예는 이미 다반사가 된 지 오래되었을 뿐만 아니라 강의실에 들어가 보면 지우지 않은 흑판, 널려 있는 종이컵, 빈 캔, 휴지 등은 너무나 익숙한 강의실 풍경이 되었다. 교수들도 이러한 학생들을 보아도 지적하지 않고 그냥 지나치기 일쑤이다.

옛날에 제자들은 君師父一體(군사부일체)라 하여 스승의 지위를 임금이나 아버지에 비교하거나, 弟子去七尺師影不可踏(제자거칠척사영불가답)이라 하여 제자가 스승을 따를 때는 7척 거리를 두고 스승의 그림자를 밟지 않았으며, 스승은 靑出於藍(청출어람)이라 하여 본인보다 뛰어난 제자를 키워내는 것을 가장 큰 보람으로 여겼던 것을 생각하면 사제지간의 관계도 시대가 변함에 따라 많이 달라졌다 하겠다. 스승을 항상 경외의 대상으로만 보는 것도 바른 시각은 아니나 스승을 존중하고 제자를 아끼는 마음가짐과 태도는 변하지 않아야 한다.

한국폴리텍대학에는 원하는 직장을 얻기 위해, 사업상 필요한 기술을 배우기 위해, 새로운 분야에 도전하기 위해 많은 젊은이가 다양한 사유로 찾아온다. 이들이 특히 한국폴리텍대학을 선택하여 찾아오는 이유는 취업이 잘되기 때문이기도 하지만 기술과 땀의 가치를 소중히 하며 사도의 길을 묵묵히 걷고 있는 참 스승을 만나기 위해서는 아닐까?

한국폴리텍대학에 부임한 후 가끔 학과를 방문하면 밤늦게까지 실습실에서 제자들과 함께 구슬땀을 흘리면서 때로는 친구처럼 어울리며 고민을 해결해 주고 상담해 주는 교수와 학생들을 볼 때면, 아직 우리의 교육 현장에 서로 존중하고 아끼는 사제지간의 따뜻한 정이 남아있음을 느낄 수 있어 더없이 기분이 좋아지고 미래 교육의 희망을 보는 것 같다.

흔히들 이야기하기로 교육자에게 주어지는 최대의 찬사는 '스승'이라고 한다. 이번 '스승의 날'을 계기로 가르치는 모든 이들에게 누구나가 서슴없이 존경하는 마음으로 '스승님'이라고 호칭할 수 있는 교육적 환경이 하루빨리 조성되기를 기대해 본다.

# 주경야독

서울시립농대를 다니다가 군에 입문한 나로서는 학부 과정을 정상적으로 마치지 못한 자격지심 덕분에 늘 군 생활을 하면서도 한편으로는 대학 캠퍼스에 대한 동경과 학업에 대한 배고픔으로 허기진 생활을 하는 경우가 많았다. 그러던 중 경기도 수색에 있는 국방대학원에서 안보 과정을 거치면서 인근의 연세대학교 행정대학원에 관심을 두게 되었다. 때마침 다음 보직이 전방 지역 상비사단 예하 연대장이 아니고 서울시에 거주하는 방위병들이 주축을 이루는 전력화 연대장으로 보임을 받게 되어 위수지역의 제한으로부터도 다소 자유로울 수 있었다. 거기다가 당시 연세대학교에서는 국방대학원 과정을 1개 학기 이수한 것으로 인정해 주고 있어서 교육 기간 단축과 이에 따른 등록금 혜택도 받을 수가 있었다.

이러다 보니 4개 학기 2년간, 주간에는 부대 생활에 전념하고,

야간에는 연세대 백양로 거리를 오가면서 공부할 수 있었다. 당시 교수님들 역시 사계에 널리 알려진 분들로서 야간 수업에 정성을 쏟는 모습이 좋아 보였고 특히 내가 평소에 간절히 원했던 과정이어서인지 나 역시 수업이 있는 날에는 저녁 식사를 부대에서 대학원까지 이동하는 동안 어김없이 도시락으로 때우는 등 촌음을 아껴 쓰는 심정으로 최선을 다했던 것으로 기억된다. 결국 2년 동안에 통제 직위 연대장과 대학원을 마칠 수가 있었고 석사학위 논문은 우수 논문으로 선정되기도 하였다.

이와 같은 나의 학문에 대한 욕구는 연대장을 거쳐 사단장 재임 이후까지도 이어지게 된다. 다음은 나의 박사학위 논문에 실려져 있는 감사의 글 일부이다.

> 사단장 시절 어느 날 군에서 오랫동안 봉직한 후 국영기업체 대표이사로 근무하시던 분이 조찬모임에 불러 주셔서 참석한 자리에서다. 그분이 식사 도중 갑자기 나에게 석사학위 이수 여부를 확인한 다음 박사과정을 다닐 것을 적극 권면하는 것이었다. 그분 말씀이 본인도 향토사단장 재임 기간 중 여러 차례 권유받은 바 있었으나 당시에는 대수로이 여기지 않았다는 것이다. 그러다가 전역 후에 대학에서 근무할 수 있는 몇 번의 좋은 기회를 놓치게 되었다면서 식사를

끝내고 떠나면서도 '조금 전의 한 말을 빈말로 듣지 말라'면서 다시 한번 나에게 일깨워주는 것이 아닌가? 이렇게 해서 시작된 박사과정이었다.

처음에는 주경야독하는 심정으로 또는 군무(軍務)를 잠시 잊고 학문세계를 접할 수 있다는 다소 신선함도 즐겨 가면서 다닐 수 있었으나, 사단장을 끝내고 합참에서 근무할 당시에는 시간에 너무 쫓기다 보니까 부담이 된 적도 한두 번이 아니었다. 특히 논문을 준비하고 작성하는 과정에서는 정말 여러 차례 포기하고 싶은 유혹에 빠지기도 하였다. 이제 이순(耳順)을 내일모레 앞두고 나름대로 박사학위라는 형식을 빌려 하나의 논문을 완성하게 되니 가슴 뿌듯하고 감개무량하기가 그지없으면서도 한편으로는 스스로 너무나 부족함을 통감하게 되니 옷깃을 여미지 않을 수가 없다.

논제로 선정한 선군정치는 우리 대(代)에 통일이 이루어지기를 간절히 소망하는 마음으로 군인의 외길을 36년간(주로 각급 지휘관과 정보분야) 걸어오면서 항상 관심의 대상이 되어 왔다. 논문작성 시에는 관련자료 부족과 제한으로 어려움을 많이 겪었으나 북한의 독특한 통치방식인 선군정치 10주년을 맞는 올해부터 북한에서 선군 띄우기를 위한 각종 행사가 진행되고 있다는 점에서 논제의 선정은 시의적절하지 않았나 자위해 보기도 한다.

주지하고 있는 바와 같이 북한연구는 반론 가능한 논증들로 가득

> 한, 아슬아슬한 줄타기이자 절반의 성공도 어려운 도박이다. 그러나 북한에 관한 착시와 혼란, 모호함이 북한의 실체, 진실을 찾아가는 '고난의 행군'을 멈출 핑계가 되어서는 안 된다고 본다. 따라서 본 논문 역시 '고난의 행군' 대열에 적극 동참한다는 차원에서 여러 가지 미흡한 부분이 많이 있음에도 불구하고 우선 세상에 출시하기로 하였고, 앞으로도 온갖 시련과 고통을 감내하면서 더욱 유의미한 결실을 보아야 할 것으로 생각한다.
>
> — 이하 생략 —

사단장 재임 2년 차부터 시작한 박사과정은 마산에 있는 경남대학교 대학원에서 자리를 옮겨 서울 삼청동에 있는 북한대학원 대학원에서 마무리할 수가 있었고 박사학위는 내가 전역한 2005년 11월 30일을 넘겨 다음 해인 2006년 2월에서야 받을 수 있었다. 돌이켜보면 군 생활과 병행하는 학문의 길은 험난한 길의 연속이라고도 볼 수 있었지만, 학문의 성취를 통하여 자긍심을 갖는 원동력이 되었을 뿐만 아니라 특히 나의 경우는 군의 업무 성격이 학문 연구 내용과도 연계되어 있어 상호 호환적인 작용으로 win-win 할 수 있었다는 점에서 너무 좋았다고 생각한다.

결국 나의 석사학위에서 박사학위에 이르는 학문 여정은 온전히 주경야독으로 얻은 열매라고 할 수 있다. 이런 과정을 통해서 나는 더욱 내공을 다져나갈 수 있는 계기가 되었고 이것이 곧 군 생활의 자양분과 모멘텀으로도 큰 역할을 했다고 생각한다. 그런 의미에서 오늘날에도 밤낮을 가리지 않고 내일의 꿈을 키워나가고 있는 모든 분에게 존경하는 마음과 더불어 힘찬 응원의 박수를 보내고 싶다.

# 홈페이지 인사말

나는 전역 후 얼마 안 되어 고향 땅 강원도에서 강원대학교 사범대학 초빙교수로 공개 채용되었다는 소식을 전해 듣고 기쁨을 감추지 못했던 기억이 새롭다. 전역 당시에는 무조건 시골에서 푹 쉬면서 박사 학위 논문을 마무리해야 한다는 생각밖에 없었다. 그러다 보니 다른 생각이 끼어들 틈이 없었는데 막상 논문심사 통과 후에 앞 일이 걱정되기 시작했다.

처음에는 시골에 내려오면서 텃밭이나 가꾸면서 그동안 읽지 못했던 책이나 실컷 읽으면서 지내야겠다는 생각이 커서 그리 크게 걱정하질 않았다. 그러나 이런저런 집안일을 돌보면서 시간을 보낼수록 '이건 아니다' 하는 생각이 들던 차에, 인근에 있는 강원대학교를 대상으로 한국연구재단이 주관하는 고위공직자 공개채용 모집에 지원서를 제출하기에 이르렀다. 서울에 일자리가 생긴다 해도 출퇴근이 당장 염려되는 처지에서 강원대 공개채용 지원은 마지막 지푸라기를 붙잡는 심정으로 간절했다. 천만다행으로 선발되었다는 소식을 듣고 너무 기뻤다.

이후 3년 동안 홍천에서 춘천을 오가면서 사범대학 대학원생과 학부과정 학생을 대상으로 일주일에 한 번 3시간 강의하는 것을 얼마나 즐거운 마음으로 했는지 모른다. 처음에는 국제정치학을 중심으로 강의하다가 나중에는 학과목 편성 조정에 따라 나에게는 다소 생소한 재정학까지 맡게 되다 보니 강의 준비를 위해 엄청나게 공부를 많이 하기도 했다.

초빙교수를 마치고는 마침 '국가발전미래교육협의회' 강원도 회장직을 맡아달라는 요청에 따라 강원도 내 대학교수와 북한 실상을 소개할 수 있는 탈북민 등을 조직하여 도내 기관과 단체 직원들을 대상으로 안보교육을 하는 사업에 참여하였다. 얼마 후에 정권이 교체되어 이런 교육활동이 정부주도형의 보수성향 교육이라 하여 국정원장까지 구속되는 사태로 번지기도 했으나 나는 개인적으로 이 사업이 정치적인 성향을 배제한다는 전제하에 시행된다면 국가의 정체성과 국민의 안보의식 고양을 위해 필요한 교육이라 생각한다. 약 2시간에 걸친 교육을 통하여 국내외 정세와 남북한 관계 그리고 우리의 안보의식 실태 등을 일목요연하게 정확히 인식할 수 있는 계기가 되기 때문이다.

안보교육 사업이 위기를 맞아 어려움을 겪고 있을 즈음 나는 다시 한국폴리텍대학 학장 공채에 지원하기는 했으나 크게 기대하지 않던 중에 어느 날 합격했다는 소식을 접하고 얼마나 기뻤는지 그 기쁨을 살펴서 헤아리기 어려울 지경이었다. 참으로 군문에서 나온 이후 나의 여정은 순풍에 돛 단 듯이 흘러왔다. 이것은 마치 기적과도 같았다. 그것도 평소 꿈에 그리던 교육기관에서 대부분을 봉사할 수 있었으니 너무나 감사할 일이다. 이에 나의 마지막 꼭짓점이랄 수 있는 한국폴리텍Ⅲ대학 홈페이지의 인사말에는 고향 땅 강원도에 내려와 입은 혜택을 모두 갚는다는 각오로 아래와 같이 고객(학생)을 위해 모든 열과 성을 쏟아붓겠다는 결의와 다짐을 응축하여 밝혀 놓았다.

하늘이 내린, 살아 숨 쉬는 땅 강원도에서
여러분의 꿈을 마음껏 펼쳐 보이세요!!

한국폴리텍Ⅲ대학을 방문해 주신 여러분을 진심으로 환영합니다!

올해로 개교 40주년을 맞이하는 우리 대학은 세계가 주목하는 대한민국의 발전을 끌어낸 훌륭한 기술인재들을 양성해 온 국책 특수대학입니다.

우리 대학은 전문이론과 실무경험을 두루 갖춘 우수한 교수진, 최첨단 실험과 실습 장비를 활용한 체계적인 현장 중심의 교육, 1인다역의 기술 융합형(Cross-Over) 교육을 접목하여 이 시대에 국가와 기업이 꼭 필요한 글로벌 멀티 테크니션(Global Multi-Technician)을 양성하는 대학으로 거듭나고 있습니다.

미래에 대한 가장 확실한 준비는 "평생 기술로 평생 직업을" 보장받는 것이며, 이를 구현할 수 있는 곳이 바로 한국폴리텍III대학입니다.

더욱이 우리 대학은 재직자 직무능력 향상교육, 취약계층 맞춤형 교육 등 산학협력 사업을 지속적으로 시행하여 지역사회 경제발전과 지역주민의 평생 직업능력 교육에도 최선을 다하고 있습니다.

하늘이 내린, 살아 숨 쉬는 땅 강원도는 천혜의 경관을 자랑하는 바이오산업의 최적지로서 최근 교통인프라가 대폭 확충되어 수도권으로부터의 접근성이 뛰어나고, 학생 기숙사 시설이 완벽하게 갖춰져 있어 여러분의 꿈을 마음껏 펼칠 기회의 터전이 되고 있습니다.

기술의 가치, 땀의 가치를 소중히 하는 우리 대학에서 여러분의 꿈을 실현하십시오!

우리 전 교직원은 "대학은 [가정], 교직원은 [가족], 학생은 [고객],

> 기업체는 [파트너]"라는 신조(motto) 아래 대한민국을 선도하는 대학이 되기 위하여 계속 노력할 것입니다.

특별히 군문에서 나온 이후 나름 열정적으로 일을 했던 강원대학교 사범대학, '국가발전미래교육협의회', 한국폴리텍Ⅲ대학에서 나를 성심으로 보좌하고 지원했던 교직원 여러분에게 차제에 심심한 감사의 말씀을 드린다.

# 직업교육이 희망이다

청년들의 열악한 취업 상황은 어제오늘의 이야기가 아니다. 이와 관련된 신조어가 20여 년 전에는 88만 원 세대(88만 원 월급 받는 20대)와 이태백(20대 태반이 백수)이 유행하다가 3포(연예, 결혼, 출산 포기)와 7포(3포에 추가하여 내 집 마련, 인간관계, 꿈, 희망 추가 포기), 그리고 이생망(이 생애는 망했다) 세대를 거쳐 최근에는 갑통알(갑자기 통장을 보니 알바해야겠다) 세대로 변천을 거듭해 왔다. 그만큼 취업하기도 힘들고 본인 적성에 맞는 직업을 찾는다는 것은 더더욱 힘들다는 의미를 담고 있다. 그런데 이런 취업난 속에서도 중소기업들은 구인난을 겪고 있다.

최근에 우리나라 중소기업을 대상으로 조사한 결과에 따르면, 1년 안에 퇴직한 인원을 포함하더라도 대부분 처음 계획한 모집인원에 훨씬 못 미친 인원만을 채용할 수 있었던 것으로 알려졌다. 직업을 얻고자 하는 사람들은 많은데 왜 기업에서는 일할 사람이 없어 구인난을 겪고 있을까? 이는 기업과 구직자 간의 눈높이가 서로 달라 미스매칭이 발생하고 있기 때문이기도 하지만 근원적으로는 기업 현장에서 요구하는 기술을 교육과정과 커리큘럼에 반영하여 숙련시키는 직업교육의 환경과 여건이 갖춰져 있지 않기 때문이다.

요즘 들어 직업교육의 중요성이 주목받아 형식적이나마 여러 가지 정책적, 제도적 방법을 강구하고 있지만 수박 겉핥기식의 교육으로는 이미 만성화된 취업난과 구인난을 근본적으로 해결할 수 없을 뿐만 아니라 우리 젊은 세대에게 미래에 대한 명확한 직업관과 그들의 진로를 제시해 줄 수도 없다.

직업교육으로 유명한 독일의 경우, 대학 진학을 목표로 하는 인문계 학생은 전체의 40%가 안 되고, 직업교육을 받는 학생은 60%가 넘는다. 인문계 학생들은 김나지움(Gymnasium)이라는 학교로, 직업계는 직업계 고등학교인 레알슐레(Realschule) 또는 종합직업학교인 하우프트슐레(Hauptschule)로 진학한다. 이러한 진로 결정은 우리나라 초등학교 5학년 나이 때 결정되는데 이는 어린 나이 때부터 명확한 직업관을 심어주고 능력을 최대한 발휘하도록 하는 것이 국가 발전에 도움이 된다는 교육철학이 있기 때문이다.

이러한 직업교육은 뿌리산업 중심의 제조업과 중소기업에 기반을 두고 있어 오늘날 독일을 유럽발 금융위기에도 불구하고 탄탄한 경제성장을 거듭하는 유일한 경제 강국으로 만들어 놓았다. Trading Economics 자료에 의하면 2025년 4월 기준 독일의 청년 실업률은 6.1%로 경제협력개발기구 30개 회원국 가운데 낮은 국가로 분류되고 있다. 경쟁 상대인 영국과 프랑스의 청년 실업률이 각각 12.8%, 16.9%인 것에 비교해 보아도 월등히 낮은 수준이다.

반면 우리의 현실로 돌아와 보면 입시 위주의 교육제도 하에서 무한경쟁의 승자만이 대접받는 우리나라 학생들에게 직업교육은 사치다. 대부분의 학생은 저마다의 소양과 적성에 맞는 직업교육을 받기보다는 소위 '상위클래스대학'에 들어가기 위해 공부를 더 해야 하며 대학을 졸업하고도 영어, 자격증 취득 등 스펙 쌓기에 더 심혈을 기울여야 한다. 그래야만 중소기업이 아닌 소위 잘 나가는 대기업에 취업할 수 있기 때문이다.

이런 풍토는 우리나라의 지나친 교육열과 직업교육의 부재에 기인한다. 산업화 시대의 교육 열풍과 교육방식이 대한민국의 발전을 이루어냈다는 사실을 반박할 이는 아무도 없을 것이다. 다만 이젠 상위 1%를 위한 교육, 대기업 입사만이 정답인 교육보다는 명확한 직업교육을 통해 사회 곳곳에 본인의 능력을 100% 발휘할 수 있는 인재들을 많이 키워내는 것이 더욱 중요한 시대가 되었음을 확실히 인지해야 한다.

한 나라의 교육제도를 바꾸는 일이 결코 쉬운 일은 아니나, 우리 젊은 세대가 어느 곳에서 일하든 나름의 보람과 자부심을 느낄 수 있는데 필요한 양질의 직업교육은 제도적인 보장하에 시급히 시행되어야 한다. 하루빨리 국민적 관심과 공감하에 제조업과 중소기업에 기반을 둔 기업 현장 맞춤형 직업교육의 확산과 정착을 기대해 본다.

# 평생 직업

50여 년 전의 대학 신입생 시절의 이야기다. 우리나라 농업 발전과 국가재건운동에 크게 이바지하셨고 당시 젊은이들에게 삶의 지혜와 영감을 불러일으켜 주셨던 교수님이 교단에 서자마자 흑판에 '인생은 장기전이다.'라고 판서를 한 후 학생들을 돌아보면서 하시던 말씀이 기억난다. 요지는 "학생 여러분이 선택한 학과가 정말 나의 적성과 소질에 맞는지를 잘 생각해 보고 맞지 않는다고 생각하면 지금이라도 강의실을 박차고 나갈 수 있는 용기를 가져라. 그렇지 않으면 먼 훗날 반드시 후회할 수 있다."라는 말씀이었다.

한때 내가 몸담고 있었던 대학의 입학생 중에 대학을 다니다가 혹은 졸업 후에 여러 가지 사정으로 재입학한 학생들이 매년 무려 40% 가까이에 이르렀다. 이들 중에는 물론 취업이 녹록지 않아서 어쩔 수 없이 방향을 선회하여 들어왔거나 일찍 퇴직한 베이비붐 세대나 경력 단절 여성들도 있을 수 있겠으나, 대부분 경우에는 전에 다니던 학교나 직장이 본인이 가고자 하는 진로와 취향에 맞지 않는다고 판단하여 들어온 사례가 많았다.

이는 우리나라의 가정환경과 초·중·고등학교 교육제도가 아직도 우리 학생들의 '끼'를 발견하고 걸러내는 기능을 다하지 못하고 있음을 보여주는 증거일 수 있다는 점에서 매우 걱정되는 바가 없지 않다. 타고난 저마다의 재능을 발견하지 못하고 묻어둔 채 평생을 보낸다면 개인적으로 이처럼 불행한 일도 없을 것이다. 역으로 만약 우리나라 국민 모두 자신이 원하는 직업을 갖고 기쁜 가운데 즐기면서 각자의 생업에 종사하고 있다고 한다면, 개인은 말할 것도 없고 국가와 사회에 미치는 긍정적인 시너지효과는 엄청나지 않겠는가?

더구나 최근에는 조기퇴직과 정리해고 등의 광풍이 불어닥치면서 '평생직장' 시대가 막을 내리고 '나만의 브랜드'로 승부를 걸어야 하는 '평생 직업' 시대로 삶의 패러다임이 바뀌고 있다. 이는 자신만의 고유한 품질과 가치로 평가받는 시대가 되었다는 의미를 담고 있다. 이러한 변화와 발전의 속도에 적극 부응하기 위해서는 무엇보다도 중요한 것은 자신만이 갖고 있거나, 상대적으로 비교 우위에 있는 적성과 자질을 찾고 계발하는 데 집중할 필요가 있을 것으로 보인다. 이를 위해 가끔은 자기 자신 내면을 들여다보면서 관조(觀照)하는 성찰의 시간이 요구되기도 한다.

이런 의미에서 군 복무기간이 자기 자신을 재발견하는 소중한 시간으로 활용될 수도 있는 절호의 기회가 아닌가 싶다. 왜냐하면 입대로 인한 갑작스러운 환경 변화가 입대 전의 자신을 뒤돌아볼 수 있는 원인을 제공하기도 하고, 병영생활 특히 밀착된 내무생활을 통하여 자신의 특성과 능력을 재평가하고 이를 토대로 자신이 어떤 직종을 평생 직업으로 삼아야 할 것인가를 찾을 수도 있기 때문이다. 격세지감은 있지만 과거 우리 선배들은 대부분 농촌에서 살고 있다가 갑자기 징집을 받아 입대하다 보니 군대가 마치 신천지로 보였고 이런 가운데 3년 6개월 동안 여러 가지 견문을 넓히고 허심탄회한 소통을 통해 많은 것을 터득한 다음 전역 후에는 각자 본인에게 맞는 직업을 찾아 열심히 노력한 결과 성공한 사례도 적지 않았다. 예를 들어 양승찬 '스타스테크' 대표는 군에 있을 때 '국방창업 챌린지'라는 경진대회에 참가했던 경험을 계기로 불가사리 추출성분을 활용한 친환경 제설제를 만드는 제조사를 창업하는데 성공하였고,[3] 이상욱 등 4명은 군복무 기간 조리병으로 근무했던 경력을 인정받아 푸드서비스업체 '후니드'에 인턴 기간 없이 곧바로 정규직으로 채용되기도 했다.[4]

---

3) [출처] 매거진한경
4) [출처] 공감누리집(gonggam.korea.kr)

한국고용정보원 2024년 발간 자료에 의하면, 우리나라에 현존하고 있는 직업만 해도 2019년 현재 무려 16,800여 개에 이르고 있다고 한다. 차제에 이 많고 많은 직업 중, 자기 꿈을 실현할 수 있으며 재능을 마음껏 발휘할 수 있는 평생 직업을 찾기 위해 진지하게 고민의 시간을 갖는 것은 어떨까? 이왕지사 고민할 바에는 가능한 '미래 신성장 동력'의 원천이 될 수 있는 유망한 직종인 블루오션(blue ocean)을 대상으로 찾는다면 더욱 금상첨화일 것이다.

요즈음 같이 고용률이 바닥을 치고 청년 실업률이 개선되는 기미가 안 보이는 경기침체시기를 맞이하여 우리나라 국민이 모두 저마다 처한 환경과 여건은 다르지만, 자신만의 평생 직업을 통하여 정말 가치 있는 삶을 구현해 나갈 수 있기를 소망해 본다.

# 졸업작품 전시회

　대부분의 교육기관이나 단체에서는 해당 교육과정 성과를 졸업작품 전시회를 통하여 평가하는 경우가 연례행사화 되어가고 있다. 이 자리에는 졸업작품을 직접 출품한 개별 학생과 그룹을 포함하여 교직원들과 관련 업체 직원들 그리고 학부모까지 초청되는 이를테면, 졸업식 다음으로 가장 큰 행사이기도 하다. 그렇다 보니 폴리텍대학의 졸업작품 전시회에 가보면 짧은 시간 내에 해당 분야 기술 발전 정도와 추세를 한눈에 파악할 수 있을 뿐만 아니라 간혹 해당 기술을 곧바로 상품화하여 대박을 터트리는 사례도 없지 않다.

　나는 이러한 졸업작품 전시회를 보다 실질적이고 역동적으로 운영하는 방안을 여러 가지로 마련하는 가운데 특히 개교 이래 처음으로 역대 학장들과 정·관계 인사, 그리고 기업체 CEO들을 가능한 한 많이 초청하여 전시회의 폭을 넓혀 기술교육의 중요성을 부각하고 교류 협력의 증진을 도모하기도 했다. 아래는 2012년 한국 폴리텍Ⅲ대학 졸업작품 전시회 때의 학장 축사로서 전시회의 일단을 엿볼 수 있는 내용이 포함되어 있어 소개한다.

국화향기 그윽한 만추 시절에 공사다망하심에도 불구하고 우리 대학 졸업작품 전시회에 왕림하여 주신 내외귀빈 여러분에게 진심으로 감사의 말씀을 드립니다. 특히 오늘 이 자리에는 앞서 소개 말씀드린 바 있습니다만 우리 대학이 1996년 춘천 직업훈련원에서 춘천기능대학으로 개편된 이후에 대학 발전을 위하여 온갖 노력과 열정을 불태우셨던 네 분의 역대 학장님들이 참석하여 주셔서 더욱 뜻깊은 자리가 된 듯싶습니다. 오늘날처럼 반듯한 대학으로 반석 위에 올려놓으신 네 분의 학장님들에게 존경과 감사의 박수를 다시 한번 보내주시면 감사하겠습니다.

우리 한국폴리텍Ⅲ대학은 1973년 개교 이래 대한민국 산업 발전을 이끈 무수한 기술 인력을 배출했고 최근에는 대한민국 최고의 기술교육 명품대학으로 거듭 태어나기 위하여 전력투구하고 있습니다. 이와 같은 노력의 결과, 작년도부터 전국 대학을 대상으로 발표되고 있는 교과부의 정보 공시에서 우리 대학은 20~30%를 웃도는 엄청난 차이로 강원도 내 취업률 2년 연속 1위를 차지한 바 있고, 지난 8월에는 제11회 대한민국 청소년 발명 아이디어 경진대회에서 우리 산업디자인과 학생들의 다수 입상에 힘입어 우리 대학이 단체 대상인 국무

총리상을 받은 바도 있습니다.

오늘 졸업작품 전시회는 대외경진대회에 출품되어 입상한 작품을 포함하여 제품디자인, 미디어콘텐츠 제작, 기계가공, 산업 설비, 그리고 자동차제작과 표면처리 분야에서 총 56개 작품이 출품되었습니다. 출품된 작품 하나하나에는 학생들의 튀는 아이디어에 기초하여 이론적인 배경과 실무 기량이 녹아들어 있을 뿐만 아니라 일부 작품의 경우에는 산·학 컨소시엄 사업의 하나로 연구·개발된 프로젝트 작품으로 산업현장에서 여건이 갖춰지면 언제든지 상품화할 수 있는 작품도 여러 편 전시되어 있습니다.

더욱이 이번 졸업작품을 준비하는 과정에서는 자동차 제작에 참여한 학생 7명이 관련 업체로부터 그 능력을 인정받아 곧바로 취업이 확정되었는가 하면, 학생들이 제작한 미디어콘텐츠가 지역방송에 그대로 방영되는 성과를 거두기도 하였습니다.

오늘의 이 행사는 대한민국이 기술 강국으로 재도약하는 데 가장 핵심적인 젊은 기술 인력의 능력과 장래를 가늠해 볼 수 있는 자리라는 점에서 매우 의미가 있다고 생각합니다. 내외 귀빈 여러분께서는 우리 학생들이 지난 1년 동안 팀워크를 이루어 밤낮으로 갈고 닦아 제작한 졸업작품을 감상하시면서 참여한 학생들 모두에게 아낌없는 격려와 박수 보내주시기를 부탁합니다.

> 다시 한번 귀한 시간을 할애하여 이 자리에 참석하신 여러분에게 감사의 말씀을 드리면서 식사에 갈음하고자 합니다. 감사합니다!

우리나라는 처음으로 1967년 스페인에서 개최된 제16회 국제기능올림픽대회에 참석한 이래 19차례나 종합우승을 차지하는 등 기술 강국으로서의 면모를 유감없이 발휘했다. 바로 지난해(2024년) 프랑스 리옹에서 개최된 제49회 대회에서도 중국에 이어 준우승을 차지한 바 있다. 이와 같이 우리나라가 기술 강국으로 우뚝 설 수 있었던 것은 국가 차원의 강력한 지도력과 전폭적인 지원 그리고 국민적 열망이 기폭제가 되어 짧은 기간에 기술 입국의 입지를 확고히 할 수 있었고 이것이 다시 전 산업 분야로 확대 재생산하는 선순환을 거쳐 왔기 때문이 아닌가 싶다.

따라서 이와 같은 추동력을 계속 이어가기 위해서는 기술과 기능 분야에 대한 국민적 관심과 성원이 시종여일하게 뒷받침되어야 가능하다고 본다. 그런 차원에서 교육기관과 단체에서 이루어지는 졸업작품 전시회와 같은 행사가 보다 성황리에 이루어지는 가운데 전시회에 출품된 작품에 대한 해석과 평가가 때에 따라서는 시중에 화두가 되는 사회적 분위기가 조성되었으면 하는 바람은 나만의 생각일까?

# 대학 졸업 식사

지금도 마찬가지지만 대략 20여 년 전만 해도 매년 2월 말 대학 졸업 시즌이 되면 대학마다 학위수여식과 함께 졸업식을 치르기 위해 분주하기가 이를 데가 없어 왔다. 특히 언론에서는 서울의 일부 대학은 물론 지방대학에 이르기까지 총장들의 졸업 식사에 상당한 관심을 두고 앞다투어 보도하기도 하였고 세간에서는 이를 두고 화두의 소재가 되기도 했다. 그러다 보니 대학 총학장들은 이번에는 어디에 중점을 두고 졸업하는 학생들에게 메시지를 전해야 할지를 고심했을는지도 모르겠다.

나 역시 한국 폴리텍대학 학장으로 부임한 이후 첫 졸업생을 내보내면서 졸업 식사에 어떤 내용을 담아서 학생들의 앞날을 밝혀 줄 것인가를 나름 고민을 하면서 졸업 식사 초안을 작성한 바가 있다. 특히 폴리텍대학은 기술교육을 전담하는 특수대학이라는 점에서 졸업생들의 성장 과정과 취업 여건 등을 고려하여 도전 정신과 긍정적인 사고를 강조하려고 신경을 썼던 것으로 기억된다. 다음은 10여 년 전인 2013년 2월 21일 있었던 졸업식의 식사 내용이다.

먼저 오늘 소정의 과정을 마치고 영광된 학위수여식과 졸업식을 맞이하는 졸업생 여러분을 진심으로 축하하며 이 자리를 축하하여 주시기 위하여 참석해 주신 내외 귀빈 여러분을 모시고 졸업식을 거행하게 된 것을 매우 기쁘게 생각합니다. 그리고 무엇보다도 졸업생들의 오늘이 있기까지 사랑과 정성으로 뒷바라지를 해 주신 부모님과 가족 여러분께 감사와 축하의 말씀을 드리며 그동안 학생들을 열과 성으로 가르쳐주신 교수님들에게도 심심한 치하의 말씀을 드립니다.

친애하는 졸업생 여러분!
다소 차이는 있겠습니다만 여러분은 참으로 긴 세월 동안 학문과 기술 그리고 인성을 갈고 닦아왔습니다. 그리고 이제 자신의 역량을 마음껏 발휘하기 위하여 사회 진출의 초입에 서 있습니다. 그러나 여러분이 진입하고자 하는 지금 이 사회는 이미 정보화와 세계화의 시대를 뛰어넘어 또다시 후기 정보화시대로 향하는 숨 가쁜 변화를 계속하고 있습니다. 이러한 급변하는 시대 상황은 여러분에게는 시련과 기회를 동시에 가져다줄 것으로 전망됩니다.

이러한 시대에 여러분은 '졸업은 또 하나의 시작'이라는 말을 되새겨 이 시대가 가져올 엄청난 시련과 역경을 기회로 바꾸고자 하는 각오와 결의를 단단히 다져야 할 것으로 생각합니다. 이에 학장은 이 뜻깊은 자리를 빌려서 여러분에게 몇 가지를 간곡히 당부하고자 합니다.

첫째, 어떤 어려움도 기꺼이 극복하고자 하는 도전 정신을 갖기 바랍니다. 이 도전 정신을 이미 고인이 된 Apple의 Steve Jobs는 Stanford 대학 졸업식에서 졸업생들에게 'Stay hungry, stay foolish'라고 강조하기도 했습니다만 현실에 안주하여 편안함을 추구하거나 행운이 저절로 오기를 기다리는 사람에게는 결코 기회가 오지 않습니다. 가슴을 활짝 열고 더 크게 멀리 바라보면 희망이 보이기 마련입니다. 어렵고 힘든 일에 과감히 도전하십시오. 그리고 대부분의 사람이 찾는 인기 있는 길에는 치열한 경쟁이 있을 뿐 기회가 별로 주어지지 않습니다. 남이 보지 못한 블루 오션을 찾아 나서야 기회가 있다는 사실을 잊지 마십시오.

둘째, 창조의 원동력이며 에너지원이라고 할 수 있는 열정적인 삶을 살아가기 바랍니다. 만약 우리의 삶 자체가 열정이 식어버려 이것도 저것도 아닌 뜨뜻미지근한 상태가 계속 유지된다면 얼마나 우리 인생이 무료하고 재미도 없고 지루하겠습니까? 우리말 국어사전에 열정을 '어떤 일에 열렬한 애정을 갖고 열중하는 마음'이라고 정의하고 있습니다만 우리는 모두 죽을 때까지 이 열정의 불길을 지펴서 생동감 있는 인생을 살아갈 수 있도록 스스로 노력했을 때 우리는 아름다워질 수가 있으며 후회가 없을 것입니다.

셋째, 인생을 긍정적으로 사는 태도를 가지기 바랍니다. 긍정적 사고란 매사에 감사하고 자신과 남을 존중하고, 현재와 미래를 희망적으로 해석하는 마음가짐을 의미합니다. 반면에 부정적 사고는 세상에 대한 원망과 분노, 자신을 비하하는 열등의식이나 남을 무시하는 자만심, 그리고 과거의 실수에 대한 후회에 집착하고 현재와 미래를 비관적으로 해석하는 마음가짐입니다.

혹여나 여러분들 중에는 지난 학창 시절의 실수나 게으름에 대해 후회하는 사람도 있을 것입니다. 여러 가지 사정으로 직장을 뛰쳐나온 경험이 있거나 아직 직장을 잡지 못해 미래에 대해 불안해하는 사람도 있을 것입니다. 그러나 과거의 실패에 집착하거나 미래에 대해 불안해하는 부정적 사고를 하면 모든 것이 손에 잡히지 않아 현재의 나를 무능력하게 만들고 미래를 정말 불행하게 만듭니다. 미래는 현재가 모아져 만들어지는 것입니다. 편한 마음으로 현재의 일에 몰두하면 미래는 반드시 밝아지게 마련입니다. 언제 어디서나 밝고 긍정적인 태도로 주어진 현실에 최선을 다하는 삶이 이 시대의 변화와 불확실에 대응하는 가장 현명한 방법임을 새겨 주기 바랍니다.

자랑스러운 졸업생 여러분!
우리나라가 전쟁의 포연 속에서 글로벌 기술 강국으로 입지를 공고히 한 것은 여러분의 선배들이 민족중흥의 역사적 사명을 띠고 대한민국의 산업 발전을 이끈 견인차 구실을 훌륭히 감내해 왔기 때문이었습니다. 이제 과학과 기술과 인성이 미래의 희망인 시대를 맞이하여 여러분이 우리나라를 세계 초일류 선진국으로 건설하는 데 중추적인 역할을 감당할 때가 왔다고 생각합니다. 부디 대학 입학 때의 초심을 잃지 말고 여러분의 꿈과 미래를 한껏 펼쳐 보이십시오. 여러분이 떠난 뒤라도 여러분의 모교 한국폴리텍3대학은 대한민국 최고의 기술교육 명품대학으로 거듭 태어나기 위하여 전력투구해 나갈 것입니다.

이제 여러분은 이 아담하고 정든 캠퍼스를 떠납니다. 그러나 몸은 떠나도 마음은 늘 여기 대룡산과 봉의산 기슭 그리고 소양강 강가와 함께하길 바랍니다. 언제 어디서 무엇을 하든 기술과 땀의 가치를 소중히 하는 폴리텍인임을 자랑스럽게 생각하는 여러분 모두가 되기를 간절히 소망하면서 끝으로 변함없는 모교 사랑을 당부합니다. 감사합니다!

# 통일 대박

나는 2014년 초에 박근혜 전 대통령의 '통일 대박' 발언을 계기로 통일 논의가 봇물이 터졌던 시기에 정부 관련 부처별로 통일 기반 조성을 위한 주요 과제와 목록을 염출하여 이를 구체적으로 발전시켜 나갈 것을 제시한 바 있었다. 특히 범정부 차원에서 통일 이후 '북한 수복지역 종합 발전 부흥계획'(가칭)을 수립·확정하여 이를 매년 연례적으로 실시하고 있는 정부 차원의 을지연습 시에 통합, 적용, 시행하여 계획의 실효성 여부를 계속 검증, 발전시켜 나갈 필요성이 있음을 강조한 바 있었다.

그러나 정부가 교체될 때마다 기존의 통일정책이 다시 원점에서 시작되는 우를 범하고 있는 것은 아닌지? 묻고 싶다. 왜냐하면 정권이 교체되면 통일에 대한 열망과 기대가 현저하게 고조되거나 저하되는 현상을 보여왔기 때문이다. 모름지기 통일정책은 정권교체와 상관없이 연속성을 갖고 일관성 있게 계속 추진될 때만이 소기의 성과를 거둘 수 있을 뿐만 아니라 통일 이후 신속하고 안정적인 남북 통합을 보장하고 앞당길 수 있기 때문이기도 하다. 아래는 한국폴리텍Ⅲ대학장에 재직하고 있을 당시에 강원일보(2014. 2. 12.)에 게재된 내용이다.

> 2014년 새해에는 통일이 화두다. 박근혜 대통령의 "통일 대박" 발언 이후 정치권과 정부 안팎에서 통일 논의가 봇물이 터지듯 했다. 이에 질 세라 언론계도 통일 관련 기획 시리즈 및 칼럼을 연일 연재하고 있다. 그러나 통일에 대한 기대감이 높아졌던 것이 올해뿐만은 아니다. 매번 정권이 바뀔 때마다 통일정책을 내놓으며 통일이 조만간 이루어질 것처럼 말해왔다. 통일이 이루어지면 대한민국은 강대국이 되고 아시아의 허브가 될 것이라는 청사진은 공통적인데 어떻게 통일을 준비하고 대비해야 하는지에 대한 일관된 정책은 지금까지 없었다.
>
> 1990년 서독의 인구는 동독의 3.8배였으며, GDP는 2.1배로 두 나라 간 격차가 그리 크지 않았음에도 불구하고 준비 없는 갑작스러운 통일로 인해 2009년까지 약 2조 유로(2009년 환율 적용 시 3,548조 원)에 이르는 천문학적인 돈이 통일비용으로 사용됐다. 이에 따라 경제가 어려워진 독일은 '유럽의 병자'라는 소리까지 들어야 했다.
>
> 현재 남한과 북한을 비교해 보면 남한의 인구가 북한의 2배, GDP

는 40배나 차이가 난다. 통일 이후 북한 주민의 의식주 수준을 남한 수준으로 끌어올리는 데는 독일보다 더 엄청난 비용이 수반될 수밖에 없다. 그러나 우리가 통일을 준비하고 대비한 상황에서 통일이 이루어진다면 통일로 사용된 비용보다 얻는 이득이 훨씬 커짐은 자명하다. 특히, 근 8천만 명에 이르는 내수시장을 갖는 나라가 됨은 물론이요, 남한 지하자원의 24배에 달하는 북한의 막대한 천연자원을 이용할 수 있고, SOC 확충에 따른 북한특수로 사상 유례없는 경기호황을 누릴 수 있는가 하면, 한반도가 유라시아 대륙을 잇는 실크로드 경제권의 출발점이자 종착점이 되어 거대한 물류 중심으로 거듭 태어날 수밖에 없어서 대한민국을 초일류 국가로 끌어올리는 데 부족함이 없는 듯해 보인다.

그러나 막연하게 통일이 되면 좋아진다고만 했지, 어떻게 통일을 준비하고 대응해야 할 것인지에 대한 논의와 대책은 너무나 부족한 실정이다. 특히 남한에 비하여 매우 열악한 북한의 산업기반시설 확충 방안이라든지, 자유시장 경제체제로의 전환에 따른 구체적인 정책대안과 세부 계획이 없는 것이 문제다. 더욱이 통일 이후 북한 주민들에게 미래에 대한 확실한 희망을 제시하지 못한다면 실질적인 남북한 통합의 구현은 빈말에 지나지 않을 것이다.

그런 의미에서 지난 6일 박근혜 대통령이 안보 분야 합동 업무보고에서 "통일시대를 열기 위한 기반을 다지는데, 정책의 최우선을 두어야 한다"라고 강조한 것은 매우 발전적 접근이라 평가된다. 우리의 기술과 지식을 공유하는 것을 시작으로 북한 주민의 삶을 실질적으로 향상시키고 통일 기반 조성의 시너지효과를 극대화하기 위해서 우선 고려할 수 있는 것으로 북한 주민에 대한 체계적인 직업교육을 한 예로 들 수 있다. 직업교육은 북한 주민으로 하여금 통일 이후 혼란한 시기에 생계 안정 보장을 위한 안전고리 역할을 가능케 할 뿐만 아니라, 119만 명의 북한군 대부분(북한군의 90% 강제 전역 조치 시 107만 명)을 통일된 사회에 안정적으로 조기에 정착시키는 데 결정적인 역할을 할 수 있을 것으로 기대되기 때문이다.

이와 같이 정부 관련 부처별로 통일 기반 조성을 위한 주요 과제와 목록을 염출한 후, 이를 구체적으로 발전시키기 위한 통합된 논의를 거쳐 정부 차원의 통일 이후 '북한 수복지역 종합발전부흥계획'(가칭)을 수립·확정하여 추진할 필요가 있을 것으로 보인다. 이 계획의 실효성을 검증하고 보장하기 위하여 매년 연례적으로 실시하고 있는 정부 차원의 을지연습 시에 통일 이후 대비(평정 및 복구 단계) 상황을 추가하거나 보다 비중을 두고 국무총리(비상기획위원회) 주관으로 연습한다면 어떨까? 이를 위해서는 무엇보다도 북한에 대한 광범위하고 믿을만한 현행 정보에 기초를 두어야 함은 물론이다.

준비 없는 통일로 '대박'이 아닌 '쪽박'을 차는 우를 범하지 않기 위해서는 지금부터라도 정부와 국민이 모두 통일에 대비하고 준비해야 할 것이다. 기회는 준비된 자에게만 온다고 하지 않았던가.

이제 통일 대박이 거론된 지도 두 번의 정권이 바뀌고, 십여 년의 세월을 훌쩍 넘겼다. 그동안 통일정책이 어떤 변화와 대응을 거친 후에 오늘에 이르고 있는지 국민은 알지도 못할 뿐만 아니라 통일정책의 현주소 또한 어디에 자리 잡고 있는지를 알 길이 없다. 그것은 그동안 세계정세와 남북 관계가 많은 변화를 거듭해 왔기 때문이라고 치부할 수도 있겠으나 통일을 대비하는 우리의 준비 태세는 어떤 변화에도 불구하고 확고하고 완벽하게 발전되어 있어야 할 것이다. 이렇게 되었을 때 국민은 정부의 통일정책을 적극 지지하는 가운데 통일의 앞날을 그려보면서 자신 있게 각자 생업에 열심히 종사할 수 있지 않을까? 향후 10여 년 후에는 우리의 통일정책이 국민의 공감하에 통일 대박을 이룰 수밖에 없는 정책으로 자리 잡기를 기대해 본다.

# 실패자(looser)

나에게는 잊으려야 잊을 수 없는 두 번의 쓰라린 낙방 경험이 있다. 첫 번째는 고등학교 입시이고, 두 번째는 대학교 입시이다. 두 번 모두 인생의 변곡점이 될 수 있는 중요한 입시여서 두고두고 회한이 되고 있다. 결과적으로는 첫 번째의 낙방이 두 번째의 낙방을 이끌었다는 점에서 나는 실패자(looser)임이 분명하다. 그런데도 내가 오늘날까지 건재하고 있음은 기적이다. 옛말에 하늘이 무너져도 솟아날 구멍이 있다는 말이 나에게 어쩌면 그렇게 들어맞는지 모르겠다는 생각이 든다.

시골에서 초등학교를 수석으로 졸업한 나였지만, 춘천에서 학교를 나온 아이들에 비하여 듣고 배운 것이 턱없이 부족한 상태였다. 그러다 보니 학업성적이 늘 뒤처져 있다가 중학교 2학년 2학기부터 학업에 다소 재미를 붙였고, 한 번은 중학교 3학년 중간고사에서 반에서 3등을 하기까지에 이르렀다. 당시 법무부에 다니는 형님이 춘천에 내려오셨다가 내 성적표를 보고는 "너 춘천에서 학교 다니지 말고 서울에 와서 학교 다니는 것이 어떻겠느냐?"라고 하시는 바람에 서울고등학교에 응시하게 되는 계기가 되었다.

그 이후 나는 입시 공부에 매달리다시피 하였고 겨울방학 때는 몇몇 동창들과 함께 영어 선생님으로부터 영어 과외를 받기도 했다. 그 시절 춘천중학교에서는 매년 경기고나 서울고에 한두 명이 합격하던 시절로 나는 전교에서 부동의 1등을 하던 친구와 함께 시험을 치렀다. 입시 당일 교정에는 지방에서 올라온 학생들이 정렬해 있었는데 그 앞으로 서울 중학 학생들이 학교 버스를 타고 교가를 힘차게 부르면서 세를 과시하던 모습을 지금도 잊을 수 없다. 시험을 치르고 교문을 나설 때는 함박눈이 내리는 골목에서 중학교 1, 2년생으로 보이는 개구쟁이들이 무리 지어 지나가는 여고생들에게 눈 뭉치를 던지면, 빳빳한 하얀 옷깃에 단정한 교복을 받쳐 입은 여학생들은 싫지는 않은 듯 눈 뭉치를 피하며 깔깔대던 모습이 아직도 눈에 선하다. 이러한 아름다운 추억을 뒤로한 채 발표된 결과는 그 친구는 합격이었고, 나는 낙방이었다.

서울고에 낙방한 나는 춘천고에도 갈 수 없어 재수를 하기로 결심하고 도청 바로 밑에 있었던 춘천도서관에 매일 도시락을 싸 들고 다니기 시작했다. 입학 시즌도 한참 지난 어느 날, 큰형님이 보자고 해서 안방에 가니 걱정스러운 표정으로 "주변에서 다들 재수

하면 다 망가진다고 하더라. 그러하니 여러 소리하지 말고 춘천농고에 가도록 해라. 늦었지만 학교에서는 너를 장학생으로 받아 준다고 하니……"라고 하는 것이 아닌가. 나는 큰형님이 학교로부터 무슨 연락을 받았음을 직감했다. 어머니는 재정권이 없었고 큰형님이 학비를 대주는 처지라서 큰형님의 말씀을 거역하기가 어려웠다. 그리고 춘고에 다니던 바로 위의 형 역시 나의 진로에 대한 의견을 적극 개진하지 못했던 것 같다. 나는 그래서 일단은 들어가 보기로 했다. 그러나 농업고등학교의 커리큘럼은 인문계와는 달리 오후에는 모두 실습 시간으로 편성되어 있어 대학 진학을 하고자 하는 학생들에게는 애초에 와서는 안 될 곳이었다. 그런 상태에서 대학입시 과목인 국어, 영어, 수학에 대한 학력 수준의 향상은 기대할 수가 없었다. 그렇다고 동계대학 즉 농대를 진학하고자 하는 학생들에게 주어지는 가점제도도 당시에는 없었다. 그러함에도 어쨌든 춘천농고를 수석으로 졸업하고 서울대 농대에 지원했으나, 두 번에 걸쳐 낙방하는 바람에 결국에는 서울시립농대 원예학과에 입학하기에 이르렀다.

학창 시절 고교와 대학입시 실패는 나의 인생에 커다란 상처를 안겨주었고 이 상처로 인하여 얼마나 많은 번민과 회한의 세월을 보냈는지 모른다. 그럼에도 이러한 실패가 나에게 많은 가르침을 줬다고 생각한다. 이를테면 농고 3년을 통해서는 성실함과 인내심의 소중함을 알게 되었는가 하면 노동의 가치와 신성함을 깨닫는 계기가 되었다. 그리고 학구와 캠퍼스에 대한 열망은 군 생활의 바쁜 와중에도 석사와 박사 학위를 취득할 수 있는 동기 부여가 되었다. 특히 무슨 일을 하든지 간에 관련 정보의 수집을 게을리하지 않는 가운데 선승구전(先勝求戰)[5] 할 수 있는 기반을 다져놓고 마지막까지 최선을 다하는 습관을 갖게 되었다. 뼈아픈 실패를 통해 진정한 의미의 승자가 될 자격조건을 갖추고 있다고 말하면 아직도 겸손이 부족한 지나친 자만이 아닐까?

---

[5] 『손자병법』 제4편 「군형(軍形)」, 勝兵 先勝而後 求戰(이기는 군대는 먼저 이기고 난 이후에 싸움을 구한다.)

# 5부
# 다시 자연의 품으로

나뭇잎이 떨어져 밟혀 부서지고, 태워지는 소리는 고통과 윤회의 그림자가 드리워져 있다. 그것은 바로 보다 나은 세상을 맞이하기 위한 자기희생이며 환희와 기쁨이고 희망인 것이다.

## 드디어 수필 작가 등단!

춘천문화원에서 사진반 강의를 듣고 나오는데 일단의 다소 호사스럽게 느껴지는 무리(대부분 여성) 중에 한 여성이 나에게로 접근해 "어머나 안녕하세요? 저 모르시겠어요? 내평리 한터에…."라는 정감 있는 말에다가 '한터'라는 말에 무조건 호감을 느끼지 않을 수 없었다. 얼마 후에 가까운 찻집에서 이런저런 이야기를 나누다 보니 바로 이 여성이 우리 고향 한터 초입에 자리 잡고 살았던 나보다는 3년 후배 되는 자그맣고 예쁘장한 소녀였다는 것도 비로소 알게 되었다.

그 이후 후배는 본인의 작품집은 물론 문학회의 간행물들을 다 읽기 어려울 정도로 수시로 보내주어 문학계의 작품활동을 어느 정도 가름할 수 있도록 하는 데 도움을 주었다. 그러는 사이에 후배는 수필문학회장으로 왕성한 활동을 하는 와중에도 나에게 문학창작반 강의를 들으면서 시나 수필을 써보지 않겠느냐는 권유를 하기도 했다. 이것이 바로 내가 수필을 본격적으로 쓰게 된 동기가 될 줄이야. 그리고 고향 동네 후배가 아니면 어떻게 이렇게도 세심한 배려와 안내를 할 수 있겠느냐 싶었다.

나는 이즈음 되어 등단에 관심을 두게 되었고, 때마침 창작반 선생님과 후배가 월간 『문학세계』에 작품을 내어 보라는 이야기에 용기를 내어 「주인과 머슴」 등 2편을 제출하기에 이르렀다. 상당 기간이 지났으나 소식이 없어 내심 '안 되었구나'라고 생각하고 포기했다. 그런데 이게 웬일인가? 얼마 후에 월간 『문학세계』 담당자로부터 "정용섭 작가님! 축하합니다!"라는 전화가 걸려 왔다. 마치 장군 진급이 되었을 때 받은 축하 전화에 버금갈 정도의 기쁨이 온몸을 스쳐 지나갔다. 무엇보다도 작가라는 칭호에 무게감이 느껴졌다.

다음은 월간 『문학세계』 수필 분야 당선 소감문이다. 당선되었을 때의 기쁨과 다짐을 담아 나의 소회를 적어 놓았다.

> 초등학교 시절 소풍을 다녀와서 작성한 기행문을 선생님이 칭찬해 주신 이후, 무려 60여 년 만에 받은 참 기쁨이자 비상(飛翔)으로 다가옵니다. 온갖 꿈의 나래를 펼치며 고민하던 사춘기에는 포연이 자욱한 전쟁터의 참상과 저항 속에서 인간 승리의 역사를 써 내려가고 싶은 심연의 꿈과 충동에 빠지기도 했습니다. 마치 60년대 세계적으로

인기리에 방영되었던 미국의 TV 드라마 〈COMBAT!〉 에피소드처럼.

삶의 철학적 재해석과 교훈을 도출하는 장르가 수필이라면, 어쩌면 이제 인생의 끝자락에 서 있는 저에게는 당연히 수필이 죽는 날까지 보듬고 가야 할 찰떡 짝꿍이어야 할 운명처럼 보입니다. 순탄치만은 않았던 지나온 세월을 반추하면서 곱씹기도 하고, 때로는 남은 여정에 대한 간절한 소망을 담아 펼쳐 보이는 작업을 통해 우리가 살고 있는 이 세상이 살만한 가치가 충분히 있는 아름다운 곳임을 널리 알리고 싶습니다.

더구나 군문을 떠나 자리 잡은 시골에서 뒷동산을 관리하고 텃밭을 일구며 자연과 함께한 두 번의 강산이 변하고도 남는 세월은 매사 소확행(小確幸)을 안겨준 꿈결 같은 기간이어서 누구에게나 알리고 싶은 심정입니다.

아카데미 창작반에서 강의하시는 소설가 김 선생님과 길을 몰라 헤맬 때 아낌없는 조언과 안내를 해 주신 우리 고향 동네 한터 이 후배님! 감사합니다. 그리고 부족한 글 뽑아주신 심사위원 여러분에게 머리 숙여 감사드리면서 초심을 잃지 않고 정진하겠다는 말씀을 드립니다.

이렇게 해서 나는 당당하게 수필 작가가 되었다. 그동안 도움을 주신 모든 분에게 다시 한번 감사의 말씀을 드린다. 앞으로 기대에 어긋나지 않도록 겸손한 마음으로 최선을 다하겠다는 다짐을 해본다.

# 낙엽

 가을도 깊어 무서리가 내리기 시작한다는 만추의 길목에 접어들고 있다. 산간 계곡을 불태우고 있는 단풍의 농염(濃艷)이 우리의 마음을 한없이 황홀하게 만드는가 싶더니, 어느새 거리 곳곳에는 낙엽이 뒹굴고 쌓여가는 모습이 늘어만 가고 있다. 누가 말했나, '가을은 여름이 타고 남은 잔해(殘骸)'라고. 잔해라기엔 너무나도 아름다운 계절이다. 못내 아쉬운 것은 너무 생명력이 짧다는 점이다.

 가을의 백미(白眉)는 역시 단풍 뒤에 흩날리는 낙엽의 섭리에서 찾을 수 있다. 사색과 좀처럼 어울리지 않을 것 같은 젊은이들조차도 떨어지는 낙엽에 시정(詩情)을 느끼게 하는 계절이다. 인생의 가을을 살고 있는 노인들은 낙엽을 자신들의 여생과 견주어 생각하며 비장한 의미를 부여한다. 그래서 이 땅에 먼저 살다 간 수많은 시인과 작가들이 가을과 낙엽을 노래했나 보다.

"시몬, 낙엽 잎새 져버린 숲으로 가자. 낙엽은 이끼와 돌과 오솔길을 덮고 있다. 시몬, 너는 좋으냐 낙엽 밟는 소리가 (중략) 가까이 오라, 우리도 언젠가는 낙엽이리니. 가까이 오라, 밤이 오고 바람이 분다. 시몬, 너는 좋으냐 낙엽 밟는 소리가." 이 시는 기막힌 운치로 낙엽과 삶을 하나로 묶어 노래하고 있다. 땅 위를 구르는 낙엽, 그건 바람을 타고 왔다가 가는 인생을 성찰(省察)하게 만든다. 그래서 가을이 오면 나는 의례 구르몽(Groumond)의 인생 낙엽론을 음미하며 가을 편지라도 쓰고 싶은 욕망에 잠긴다.

그러고 보니 우리 집 뒷동산에 오솔길을 만들어놓고 봄부터 긴 긴 여름을 지나 가을의 황금빛 낙엽송 단풍과 낙엽 밟는 소리를 그리워하며 지낸 지도 벌써 강산이 한 번 변하고도 남는 세월이 되었다. 매일 걷는 오솔길이지만 바람의 딸 한비야가 말했듯이 매번 오르고 내려올 때마다 그 모습이 다르고, 느낌 또한 달라서 식상(食傷)할 줄 모른다. 그럼에도 나뭇잎 떨어진 오솔길을 호젓이 걷는 즐거움이 그중의 으뜸이자, 그 어떤 유형의 즐거움보다도 특별하다고 느끼는 것은 나만의 생각일까.

안톤 슈낙(Anton Schunack)의 『우리를 슬프게 하는 것들』에서 그리고 릴케(Rilke)의 「가을날」에서 가을과 낙엽은 대체로 우리를 슬프게 하는 계절과 대상으로 기억하게 하고 있다. 하지만 이효석의 『낙엽을 태우면서』에 이르러서는 발로 밟으면 영혼처럼 울고 있던 낙엽이 드디어 갓 볶아낸 커피 향으로, 잘 익은 개암 냄새로 우리의 코끝을 스쳐 지나간다. 나뭇잎이 떨어져 밟혀 부서지고, 태워지는 소리는 고통과 윤회의 그림자가 드리워져 있다. 그것은 바로 보다 나은 세상을 맞이하기 위한 자기희생이며 환희와 기쁨이고 희망인 것이다. 그래서 오 헨리(O. Henry)는 『마지막 잎새』를 통하여 절망 속에서 희망을 꿈꾸었던 것이 아닌가.

 깊어져 가는 이 가을에 저마다 숨 막히는 회색의 일상에서 벗어나 아직도 붉게 타고 있는 가까운 산간 계곡이나 수목원을 찾아 가을의 정취를 즐기면서 낙엽 쌓인 오솔길을 걸어보자. 자연의 오묘한 조락(凋落)을 알리는 낙엽 밟는 소리가 우리의 잠들었던 영혼을 깨워줄 것이다. 찌들고 삭막해진 마음에 분명 한 가닥 낭만을 안겨주고, 삶의 의미를 되돌아볼 수 있는 소중함으로 우리에게 화답할 것이다. 그런 점에서 가을은 여름이 타고 남은 잔해가 아니라, 격정과 욕망을 이겨내고 마침내 얻은 축복의 팡파르이자 부활의 전조가 아닐까.

# 전원주택

 서울집의 전세금을 받아서 시골에 산을 끼고 있는 전답을 장만한 것이 벌써 45년 전의 일이 되었다. 당시만 해도 나름 뚜렷한 계획이 있어서 구매한 것은 아니었다. 다만 군 생활하면서 현금을 갖고 있는 것보다는 땅에 묻어두는 것이 좋겠다는 생각이었다. 그러다가 전역을 1년 앞두고 어디에서 퇴직 후의 삶을 이어갈 것인가를 고민하다가 결국에는 시골에 있는 땅에 집 짓고 살기로 결심하게 되었다. 이제 이곳에 터를 닦고 전원생활을 해온 지도 20여 년이 넘었다. 그동안 여러 가지 시행착오를 겪으면서 어려움도 많았지만, 지금은 제법 기반이 잡혀 안정적인 생활로 나날을 보내고 있는 편이다.

 지금까지 시골에 살면서 체험했던 내용을 전원주택에 초점을 맞추어 소회를 밝히면 혹여나 앞으로 전원주택을 짓고자 하는 분들에게 참고가 될 수도 있다는 생각에서 이 글을 쓴다. 이를테면 내가 퇴직을 앞두고 전원주택을 준비한 것처럼 퇴직 이후의 삶을 자연과 더불어 살아가기를 희망하는 분들에게 알리는 글이라 할 수 있다. 여기서 전원주택이란 도시 외곽의 교외에 있는 주택이거나 농가 거주지역의 주택까지를 포함한다. 우선 전원주택은 무엇보다도 입지 조건을 먼저 고려해야 할 것으로 보인다. 서울을 중심으로 보면 차량으로 한 시간 남짓 거리면 좋을 것 같다. 그 정도 거리는 되어야 자연친화적이면서도 쾌적한 전원생활을 누릴 수 있기 때문이다. 그리고 배산임수(背山臨水) 지형에다가 남향에 터를 잡으면 더욱 좋겠다. 여기에 고속도로 나들목과 전철역에 접근하기가 쉬우면 금상첨화다.

전원주택을 짓기 위해서는 토지 자체의 상태도 중요하므로 지목이 대지가 아니고 전답일 경우에는 관리지역으로 되어 있어야 언제라도 건축할 수 있다. 전기, 수도시설이 되어 있거나 인입이 가능한 지역이어야 한다. 특히 수돗물 인입이 불가한 지역이라면 지하수를 이용할 수 있는지를 꼭 확인할 필요가 있다. 취향에 따라 다르겠지만 나의 경우에는 산자락 끝에 집터를 잡은 상태에서 뒷산을 끼고 부지를 확보하다 보니 뒷산을 나의 놀이동산처럼 활용할 수 있어 만족하고 있다. 여기에 더하여 전원주택의 백미(白眉)라고도 할 수 있는 텃밭을 확보하여 시시때때로 신선한 채소 등의 먹을거리를 공급받을 수 있으면 좋겠다. 부지 내에 연중 끊이지 않는 시냇물이 흐르면 이를 이용해서 갈수기에도 텃밭에 물을 충분히 줄 수도 있고 연못을 만들어 물고기를 키우거나 수생식물을 재배하여 주변 경관을 아름답게 꾸밀 수도 있다.

요즈음 방영되고 있는 〈나는 자연인이다〉 정도는 아니더라도 전원생활을 제대로 해볼 요량으로 너무 산골짜기로 들어가다 보면 생활 인프라와 멀어져 많은 어려움을 겪는 경우가 많다. 따라서 농가 거주지역의 경우라도 차량으로 10분 거리 내에 면사무소 접근이 가능한 곳이면 좋다. 통상 면사무소가 소재하고 있는 곳에는 학교, 파출소, 우체국, 소방서, 보건소 등 관공서를 비롯하여 병원, 약국, 마트 등 편의시설이 들어와 있어 전원생활을 하는데 전연 불편함이 없기 때문이다. 가능하면 포장된 도로와 직접 연결된 부지를 선택하는 것이 좋고 시골 곳곳에 운영하는 마을버스를 집에서 도보로 이동하여 이용할 수 있는지도 확인한다. 그러면서 마을의 분위기에 적응하는 방도를 여러 가지로 모색하여 이웃과 잘 지낼 수 있도록 노력한다.

간혹 주변에서는 내가 시골에서 살아가는 모습을 보고 '어떻게 넓은 텃밭을 가꿔가면서 힘들게 살고 있는가?' 또는 '그렇게 두 분만 떨어져 살다 보면 외롭지는 않은가? 그리고 '문화생활, 취미활동 하기가 어렵지 않은가?'라는 질문을 많이 한다. 이와 같은 질문을 받으면 나는 다음과 같은 이야기를 들려준다. 우선 텃밭을 가꾸는 일은 자연적이며 생산적이어서 좋다. 인도의 간디는 일상의 삶을 꾸려가면서 정신적인 노동과 육체적인 노동을 반타작하며 살아갈 때 가장 이상적이라고 말할 정도로 노동의 가치를 중시했다. 그리고 요즈음의 문명기기는 외로움을 느낄 수 없을 정도로 소통할 수 있는 수단이 엄청나게 다양해졌다. 이 수단에 어떻게 접근하고 활용하느냐는 본인의 관심과 노력에 따라 결정된다. 마지막으로 시골에서도 얼마든지 문화생활과 취미활동을 즐길 수가 있다. 예를 들어 우리 부부는 시간이 날 때마다 클래식 음악을 듣고 있는 가운데 NETFLIX에 가입하여 일주일에 한 번은 명화를 감상하고 있으며 아내는 틈틈이 그림을 그리고 있고, 나는 서예, 사진, 그리고 시와 수필을 쓰고 있다. 그리고 가끔은 서울이나 춘천에서 하는 전시회, 음악회, 연극 등을 관람하기도 한다고 이야기하면 그제야 수긍하는 표정을 보인다.

대부분 치열하게 생활했던 직장 생활을 뒤로하고 전원생활을 꿈꾸는 경우가 많다고 볼 때, 대개 50대 후반에 전원생활을 시작하는 것이 일반화된 것 같다. 어떻게 보면 그 시기가 인생의 황금기라고 해도 과언이 아닌 듯싶다. 그러므로 전원생활을 계획하고 있는 분들은 매사 신중하게 접근하면서 오랫동안 숙고한 끝에 확신이 섰을 때 모든 것을 결심하고 시행할 필요가 있다. 그래야만 시행착오를 최소화할 수가 있고, 일생일대의 마지막 설계와 터전을 성공리에 마무리할 수가 있기 때문이다. 전원생활을 희망하는 모든 분에게 자그마한 길잡이가 되었으면 좋겠고, 부디 만족하는 전원주택을 마련하여 즐겁고 평안한 전원생활을 꾸려나갈 수 있기를 축원한다.

# 고라니와의 싸움

"어머나! 여보, 이리 와 봐요?"라는 소리에 깜짝 놀라서 가보니 중간 정도 크기의 고라니 수놈 한 마리가 옥수수밭에 털퍼덕 쓰러져 있었다. 필시 지난밤에 들어왔다가 무언가에 충격을 받고 쓰러져 죽은 것 같았다. 왜냐하면 옥수수를 먹으러 들어왔을 텐데 주변의 옥수수와 옥수수 대는 온전했기 때문이다. 우리 부부는 오늘 아침에 일찍 일어나 올해 옥수수 첫 수확을 위해 아래 밭에 내려와 일을 하던 중이었다.

매년 아래 밭에는 옥수수를 비롯해 고구마, 땅콩, 들깨와 참깨를 조금씩 심어 먹을거리로 삼고 있는데, 고라니가 해마다 거르지 않고 때가 되면 귀신같이 내려와 난장판을 만들어놓곤 했다. 고심 끝에 올해는 지인의 소개로 폐어망을 구매해서 울타리를 쳐놓았다. 그래서인지 지금까지는 고라니의 침입이 없어 어망의 효과를 톡톡히 보고 있다고 생각하고 있던 차에 벌어진 일이다. 고라니의 포획과 채취는 야생동물 보호법에 따라 엄격히 금지되고 있는 터라 사체는 산수유 밑에 잘 묻어주었다.

　고라니와의 싸움은 이것뿐만이 아니다. 나는 3년 전에 조금 넓힌 연못에다가 수련과 연을 심어놓고 아침마다 자라는 모습을 지켜보곤 했는데 작년에는 드디어 수련이 꽃을 피웠다. 갑자기 피어난 수련꽃 한 송이는 수줍은 듯 고고한 자태를 뽐냈다. 네 곳에 심은 수련 중의 한 곳에서 꽃을 피웠으니, 나머지도 곧 꽃을 피우지 않겠나 싶어서 그날은 하루 종일 기분이 좋았었다. 그런데 웬걸? 피어난 지 3일째 되던 날 연못에 올라가 보니 수련잎들은 온데간데없고 수련 꽃송이는 물 위에 나뒹굴어져 있는 것이 아닌가? 고라니의 짓이 분명했다. 정말 속이 상했다. 몇 날 며칠을 궁리하다가 고추 지주대를 수련 주변에 박아 놓고 반짝이 종이로 연결하여 놓았다. 보름 정도 지날 무렵에 다시 수련잎이 나오기 시작해서 달포가 될 때쯤 되어서는 수련잎이 제법 퍼져있는 상태가 되었다. 고추 지주대와 반짝이 종이의 효과를 보고 있다고 생각하면서 다시 수련 꽃잎이 피어나기를 내심 기대했다. 바로 그럴 때쯤 연못에 올라가 보니 새롭게 퍼졌던 수련잎이 감쪽같이 몽땅 없어지고 고추 지주대는 대부분 기울어져 있었다. 바로 옆에서 자라고 있는 연잎은 수련잎보다도 잎도 크고 수량도 많은데도 지난번에 이어 이번에도 일절 건드리지 않은 상태로 있는 것을 보면 고라니는 수련잎을 엄청나게 좋아하는 것 같았다. 나는 다시 심기일전하는 마음으로 향후 대책을 강구한 나머지 이번에는 아예 윤형 철조망을 구매하여 수련 주변에 설치해 놓았다.

이제 올해 들어 수련잎은 철 따라 다시 나왔고 얼마 안 있어 하얀 수련꽃이 특유의 기품을 자랑하며 피어나는 모습을 보면서 역시 윤형 철조망이 내 기대를 저버리지 않은 모양이라고 생각했다. 이러한 기대는 며칠 후 연못에 가보고는 또다시 산산이 부서지고 말았다. 수련잎을 중심으로 고라니가 접근할 수 있는 곳에 철조망을 쳐놓았음에도 불구하고 교묘하게 철망을 헤집고 얼굴을 디밀어 수련잎을 끝장내고 말았다. 나는 고라니와의 머리싸움에서 지금까지 전패하고 말았다. 이제 나에게 남은 카드는 얼마 남지 않았다. 우선 고려할 수 있는 카드로는 아래 밭에서와 같이 연못 주변 일대에 폐어망을 설치하는 것이고, 다음으로는 다소 신뢰성이 떨어지는 방법이긴 하지만 가성비에서는 오히려 우위에 있는 허수아비를 설치하는 것으로 판단했다. 이 두 가지 카드를 놓고 아내와 논의한 끝에 우선은 허수아비를 설치하기로 하고, 좀 떨어진 곳에서도 식별할 수 있을 뿐만 아니라 접근이 쉬운 길목에다가 허수아비 세 개를 설치하여 놓았다.

허수아비를 설치한 이후 별다른 동정 없이 수련은 다시 잎을 부지런히 키우는 중이다. 바라건대 허수아비를 마지막으로 고라니로부터 더 이상의 시련을 겪지 않기를 빌어본다. 내가 겪은 일은 아주 작은 사례 중의 하나이지만, 우리 주변 농가에서는 해마다 고라니와 같은 야생동물들의 출몰로 인하여 알게 모르게 큰 피해를 보고 있는 것이 오늘의 현실이다. 특히 고라니의 경우는 전 세계적으로 멸종 위기종으로 분류되어 있어서 우리나라는 야생동물 보호법에 의거 포획이나 채취를 엄격하게 금지하고 있다. 더구나 고라니는 중국과 우리나라 등 동아시아 지역에서 서식하고 있는 개체수가 전 세계의 90% 이상을 차지하고 있고 우리나라의 개체수는 더욱 증가하는 추세다. 이에 따라서 고라니의 적정 개체수를 유지하기 위해서는 우선 고라니로부터의 피해 실태를 조사한 후에 이를 기초로 하여 시기별, 지역별 고라니의 포획과 채취를 허용하는 정부 차원의 정책 발전과 대책을 마련하는 것이 절실히 요구되고 있다.

## 닭과의 동행

시골에서 자란 사람이라면 누구나가 새벽에 수탉 우는 소리에 잠이 깨어 일어나곤 했던 추억이 있다. 나 역시 시골에서 태어났고 성장했으니 이른 아침에 수탉 우는 소리는 그저 일상의 소리가 되었던 터라 오히려 수탉 우는 소리가 안 들리면 이상할 정도였다. 이렇게 수탉 우는 소리가 울릴 때쯤이면 안방 부엌에서는 아낙네가 아침밥을 짓기 위해 아궁이에 불을 지피고, 사랑채 부엌에서는 남정네가 소죽을 끓이기 위해 아궁이에 불을 지폈다. 그러니 결국 수탉 우는 소리에 시골의 각 가정이 모두 깨어나 일과를 시작하는 모양새가 됐다. 그래서 예로부터 닭은 새벽을 알리는 상서롭고 총명한 동물로 알려졌다.

한편, 수탉이 상서롭고 총명한 동물로 칭송받는 원인을 제공하고 있다면, 암탉은 다산과 풍요를 상징하면서 부활의 의미를 담고 있는 달걀을 낳아 주고 있다. 우리가 일용하고 있는 양식 중의 하나인 달걀은 예나 지금이나 너무나 소중하면서도 부담 없이 먹을 수 있는 완전식품으로 애용됐다. 우리 시골집에서는 달걀찜을 하면 어머니가 아버지 밥상 앞에 가까이 갖다 놓았고 혹여 내가 달걀찜에 먼저 수저를 가져가면 어머니가 나에게 눈짓을 주었을 정도로 달걀은 맛있고 귀한 음식 중의 하나였다. 더욱이 아버지의 가업을 이어받았던 시골 형님은 매일 아침 소죽을 끓이면서 달걀 한두 개를 가마솥 단지 앞쪽에 집어넣어 두었다가 소죽을 퍼내기 전에 꺼내서 삶긴 달걀을 그 자리에서 껍질을 벗겨 맛있게 드시곤 했다. 가끔 내가 먹고 싶어 하면 "어린애는 달걀을 많이 먹으면 벙어리가 돼."라고 하면서 손사래를 쳤을 정도로 달걀을 귀하게 여겼다. 나는 형님의 이 말씀을 중학교 2학년까지도 굳게 믿고 자랐다.

과거 대부분의 농가에서는 오랫동안 소, 돼지, 개, 닭 등의 가축을 식솔처럼 키워왔으나, 요즈음 농가에서는 소와 돼지는 물론 개와 닭을 키우는 농가도 보기가 어려울 정도가 되었다. 더구나 닭은 닭고기와 달걀을 대량 생산할 목적으로 양계장에서만 사육하고 있어서 옛날의 정서를 찾아보기가 어려워졌다. 그래서 나는 시골에 내려와 산다면 제일 먼저 닭장을 짓고 닭을 키워볼 생각을 진즉부터 하고 있었다. 이제 양지바른 곳에 닭장을 짓고 10마리 가까운 닭을 키우면서 살아온 지가 벌써 햇수로 20년이 되었다.

그런데 내가 바로 닭을 키우기 시작할 때쯤 돼서 미국의 어느 주에선가 집집이 닭을 키우는 붐(boom)이 일어나고 있다는 소식을 우리나라 방송에서 해외 기삿거리로 보도한 바 있었다. 내용인즉슨 미국의 주택은 대부분 앞마당과 뒷마당으로 나누어져 있는데 주로 닭은 뒷마당 공간을 이용하여 대략 4~5마리를 키우고 있다고 했다. 키우는 재미가 쏠쏠할 뿐만 아니라 아이들에게도 정서적인 도움을 줄 수가 있고 무엇보다 신선한 달걀을 먹을 수 있어 좋다는 주민의 인터뷰 내용도 소개되었다. 미국에서 날아온 이 소식은 바로 닭을 키우기 시작한 나에게 나름의 명분과 응원이 되기도 했다.

　이러한 응원 덕분에 매일 아침 식사를 마친 후에 거르지 않고 닭장에 가서 닭 모이를 주고 닭장을 돌본 다음에 달걀을 가져오는 것이 하나의 일상이 되어버렸다. 실제로 닭을 키워보니 여러 가지 유익한 것들도 많았다. 우선 앞서 인터뷰 내용에서도 언급되었던 것처럼 바로 신선한 달걀을 충분히 섭취할 수 있다는 점이다. 이는 대형 양계장에서 생산된 달걀을 먹는 것과는 비교가 안 될 정도로 내가 생산한 달걀을 내가 먹는다는 정서적 안정과 믿음이 바탕이 되어 기쁜 마음으로 맛있게 먹을 수 있다는 의미가 담겨있다. 거기에다가 실제로 달걀을 깨어보면 집 달걀과 시중 달걀의 차이를 극명하게 엿볼 수 있다. 집 달걀은 노른자의 색상이 양계장 달걀에 비하여 훨씬 선명하고 주황색에 가까워 보여서 누가 보아도 신선도와 영양가 면에서 집 달걀이 시중 달걀에 앞선다는 것을 알 수 있다. 더구나 암탉 7-8 마리를 키우면 두 식구가 달걀을 충분히 먹고도 남아서 나머지는 모아 두었다가 친인척이나 지인에게 꾸러

미로 선물할 수도 있어 이를 데 없이 좋았다. 시골에서 이만한 선물이 또 어디 있겠는가? 거기에다가 나같이 텃밭을 가꾸는 사람들에게 더욱 절실하게 보이는 것 중의 하나로, 퇴비 중에서 가장 시비효과가 높은 계분을 얻을 수 있다는 점이다. 일반 퇴비와 적절히 배합하여 사용하면 기대 이상의 효과를 거둘 수 있다.

여기에 더하여 매일 닭장을 오가며 닭으로부터 배울 점 또한 많았다. 수탉은 아침을 깨울 뿐만 아니라 신사도(gentlemanship) 정신이 매우 충실한 가축이다. 외부로부터의 위협을 제일 먼저 감지하고 대처하며, 먹이를 보면 먼저 암놈들을 불러 먹게 한 다음 자신은 나중에 먹고, 닭장 안의 위계질서를 음으로, 양으로 바로잡는 역할까지 한다. 암탉 또한 산란 기간에는 거의 매일 달걀을 한 알씩 낳을 정도로 성실함을 보이는가 하면, 특히 모성애가 지극하여 자기가 깐 병아리에게 해가 되는 일이 예상되거나 발생하면 목숨을 걸고 병아리를 지켜낸다.

오랫동안 닭들의 일상을 지켜보면서 느낀 소회는 인간이 보기에 미물에 지나지 않는 닭들은 이 세상에 살아 있는 기간은 물론 죽어서도 이 세상과 인간에게 엄청나게 유익한 일들을 많이 하고 있을 뿐만 아니라 생활의 지표와 본보기를 보여주고 있는데, 하물며 만물의 영장인 인간은 이 세상을 위해 무엇을 하고 있는지? 묻지 않을 수가 없다. 인간성 회복의 역사(役事)가 일어나기를 소망해 본다.

## 명품 농촌 만들기

오랫동안의 공직 생활을 정리하고 시골에 정착한 지 올해로 20년이 되었다. 전원생활에 대한 동경과 기대가 커서였던지 처음에는 녹록지 않은 주변 환경과 여건에 마음고생하기도 했지만, 지금은 나름대로 보람을 느끼며 살아가고 있다.

특히 이른 봄부터 시작하여 김장김치를 담글 때까지 텃밭에서 농약과 비료가 없는 가운데 가꾼 채소를 언제든지 쌈장에 곁들여 먹을 수 있는 즐거움은 물론이고, 뒷동산에서 거둔 참나무를 땔감으로 쌓아 놓았다가 한겨울 벽난로에 불을 지펴놓고 오순도순 이야기꽃을 피울 수 있는 겨울 정취 또한 빼어놓을 수 없는 시골 생활의 즐거움이기도 하다.

더욱이 최근 들어서는 시골에 살고 있기 때문에 누리는 혜택 또한 만만치 않다. 예를 들어 귀농 귀촌 시에 지원되는 정착 지원금은 별개로 하더라도 일정한 규모의 농지와 산지를 소유·관리하고 있는 농림업 인에게 지급되는 농·임업 직불금을 비롯하여 반값 농자재 지원, 농업용 유류 지원, 각종 무상교육 지원 등을 들 수 있다.

여기에 더하여 주변 일대에는 대부분 먹을 것이 지천으로 널려 있어서 조금만 부지런함을 떨면 언제든지 자연 그대로의 신선한 먹거리를 손쉽게 얻을 수 있는 곳이기도 하다. 이렇게 시골 생활에 재미를 붙이다 보니 아직도 이곳을 떠나지 못하는 것 같고, 어쩌면 평생을 이곳에서 벗어나지 못할 수도 있다는 생각이 들기도 한다.

그러나 우리가 만들어가야 할 농촌은 과거의 모습과 정서에만 머무르는 데 그치지 않고 미래지향적이고 발전적인 구도 하에 도시와 농촌을 동시에 아우르는 선순환적인 기능이 작동될 수 있도록 설계돼야 할 것으로 본다. 이를테면 도시민들의 경우에는 먹거리뿐만 아니라 농촌지역의 풍광을 감상하면서 진정한 의미의 체험을 통하여 농촌지역을 힐링과 재충전의 공간으로 재인식하고 자발적인 참여와 확대로 이어질 때 비로소 도시와 농촌이 서로 도움이 될 수 있는 시너지 효과가 창출될 수 있을 것으로 보인다.

이를 위해 우선 농촌지역의 도로와 농로 정비를 위해 농지 정리법을 제정하여 텃밭을 제외한 자투리 밭들은 일정한 크기 이상으로 정리하여 기계농을 보다 확산·촉진할 필요가 있다. 그리고 면 단위 중심의 근린생활권 조성을 위하여 면 소재지에 최소한의 의료복지 시설과 교육 문화 시설을 유치·정비하여 주민들이 면 단위의 공간과 영역에서 생활하는 데 전혀 불편함이 없도록 여러 가지 여건을 개선하고 보장한다면 오늘날 겪고 있는 농촌지역의 인구 감소 예방에도 크게 도움이 될 것으로 예상된다.

이를 위해 대부분의 기초자치단체는 면 단위를 포함하고 있기 때문에 시군별로 지역의 여건을 고려하여 매년 2~3개 면을 대상으로 앞서 제시한 내용들을 집중적으로 개선·정비한다면 시군별로 다소 차이는 있겠지만 기초자치단체장 임기 내에 관내 전 지역을 보다 살기 좋은 마을로 바꿔나갈 수 있을 것으로 본다. 물론 이를 위해서는 중앙정부와 광역자치단체의 적극적인 지원과 성원이 뒤따라야 함은 필수 조건이라고 할 수 있겠다.

예로부터 우리나라는 농자천하지대본(農子天下之大本)이라 하여 농사가 천하의 큰 근본임을 널리 알리면서 농업의 중요성을 강조했다. 그러나 최근에 이르러 농업인구가 급격히 감소하고 노령인구는 증가하여 농촌의 환경과 여건이 더욱 어려워지고 있는 현실이기도 하다. 그럼에도 농촌은 모든 분야의 버팀목으로 인식되고 있어 농촌이 잘 돼야 한다는 데는 이의가 없는 듯하다. 그런 의미에서 누구나가 공감하고 소망하는 명품 농촌 만들기 프로젝트를 지방자치단체별로 수립하고 가동하면 좋겠다는 생각이 든다. 농촌이 잘 살아야 전체가 잘 살 수 있다는 캐치프레이즈 아래 제2의 농촌 새마을 운동으로 전개한다면? 우리나라가 진정한 선진국으로 자리매김하는 데 결정적인 이바지를 할 수 있지 않을까?

# 공작산

　오랫동안 봉직해 온 군문을 떠나 홍천에 자리 잡고 살아온 지가 벌써 강산이 두 번 변할 시기가 되었다. 그동안 시골에 살면서도 학계와 관련 단체에서 활동한 기간이 10년 가까이 되다 보니, 실제 백수로 텃밭을 일구고 뒷동산을 가꾸며 소일한 기간 역시 10년이 되는 듯싶다. 이쯤 되어 전원생활에 재미를 붙이고 지낼 무렵, 서울에서 중소기업 대표이사로 계시는 집안의 형님 내외분과 홍천에서 식사하면서 담소를 나누던 중 들은 이야기에 다소 놀라지 않을 수 없었다.

　이야기인즉슨 형님 내외분은 공작산 생태숲을 몇 년 동안 매주 토요일 둘러보고 가는 것이 큰 기쁨 중의 하나가 되었다는 것이다. 내가 적이 놀랍게 생각한 것은 우선 공작산은 등산하기에는 상당히 험준한 산으로 알고 있었고 거기에다가 서울에서 예까지 팔순에 가까운 두 분이 매주 다닌다는 것도 예사로운 일이 아니라고 생각해서다.

　공작산은 산세가 공작이 날개를 펼친 모습과 같다 하여 붙여진 이름이다. 공작산이 험준하다는 생각은 이곳 홍천에서 대대장과 사단 참모를 할 당시에 공작산 정상을 등반한 적이 있었는데 그때의 기억으로는 정상에 가까워져 올수록 산세가 험하고 가팔라서 그리 높지 않은 표고 887m를 오르고 내려오는 데 엄청 힘이 들었기 때문이다. 그래서인지 처음에는 이름만큼이나 아름답고 정감으로 다가왔던 공작산이 나에게는 그저 다시는 오르고 싶지 않은 산으로만 기억되었다.

　그런 까닭에 형님 내외분을 만나기 이전에는 이곳 홍천에 거주하고 있으면서도 공작산 근처에도 다녀온 적이 없었고 다만 어떤 행사의 하나로 생태숲을 조성하기 이전에 수타사에 다녀온 적은 있지만, 그때도 수타사 경내의 은행나무 밑에 수북이 쌓인 은행나무 열매를 잘못 밟아 생전 처음으로 큰 곤욕을 치른 경험이 있어 나의 공작산에 대한 이미지는 그리 좋은 편은 아니었다. 그래서 형님 내외분이 공작산을 자주 찾는 이유가 더욱 궁금해져서 이런저런 이야기를 더 듣게 되었다.

　형님네의 경우에는 평소 잘 알고 지내는 지인의 추천으로 토요일 아침 8시경에 서울 강남구 양재동 자택을 나서서 공작산 자락에 대략 오전 10시 이전에 도착하게 되면 우선 수타사 경내를 둘러본 후에 생태숲과 둘레길을 돌아보게 된단다. 형님 내외분이 워낙 등산을 즐기는 편이라 인근 수도권 지역의 알만한 곳을 다 둘러보았어도 공작산 코스만큼 마음에 드는 곳이 없다고 하면서 오히려 나보고 여기에서 살고 있으면서 그것도 모르고 있었냐는 듯한 표정을 짓는 것이 아닌가.

홍천 주민으로서 자존심도 좀 상하고 부끄러운 점도 없지 않아서 형님 내외분과 헤어지고 나서 얼마 되지 않은 가을 어느 날, 아내와 함께 드디어 오랜만에 다시 공작산을 찾게 되었다. 청명한 날씨 탓인지는 모르겠으나 출발부터 산뜻한 느낌이 드는 가운데 공작산 입구 주차장에 도착해 보니 주변의 상가들이 이국적인 풍경으로 나에게 다가오면서 마치 신천지에 온 듯한 기분이 들었다. 그럴 만도 한 것이 2009년도에 "공작산 수타사 생태숲 공원"이 조성되고 나서는 처음으로 와 봤기 때문이 아닌가 싶었다.

그런 데다가 주차료도 없고 입장료도 없으니, 마음이 홀가분해진다. 주차장에서 내리면 처음 맞이하는 곳은 생태숲 교육관이다. 이곳 생태숲 교육관은 전시관, 교육관, 정보검색대 등으로 구성되어 공작산 생태숲에서 만나게 될 다양한 숲속 동식물들에 대한 정보를 위주로 소개하고 있었다. 특히 어린이들에게는 실질적인 맞춤형 체험학습을 할 수 있는 여건이 갖추어져 있는지라 언젠가는 오늘처럼 좋은 날을 잡아 손주들과 함께 이곳저곳 둘러보면서 자연의 소중함을 깨우치는 계기로 삼아야겠다는 다짐을 하기도 했다.

연이어져 있는 상가 건물들을 지나 수타사 입구 공작교에 이르는 길은 수려한 소나무 숲길로 가꾸어져 있어 다소 짧기는 하지만 벌써 상쾌하고 신선한 느낌이 들었다. 다리를 지나 왼쪽 능선 자락에 있는 숲속 치유 쉼터는 잣 향기, 빛, 숲 소리 체험 공간 등이 갖추어져 있어 끼리끼리 모여 요가와 명상을 즐기면서 힐링하기에 안성맞춤인 장소인 것 같았다.

곧바로 이어지는 수타사(壽陀寺)는 신라 성덕왕 7년(708년) 원효대사에 의해 창건되었다고 전해진다. 처음에는 일월사로 불리다가 조선시대 선조 2년(1569년) 지금의 자리로 옮겨 짓고 수타사라 하였다고 한다. 일설에 의하면 수타사의 수타는 원래 '물' 수(水)에 '떨어질' 타(墮)를 써왔는데 매년 승려 한 명이 사찰 뒤 깊은 못에 빠져 생을 마치는 일이 계속 발생하자 사찰 이름에 그 원인이 있다고 보고 지금의 수타(壽陀)로 이름을 바꾸었다고 한다. 이 천년고찰에는 보물로 지정된 월인석보(月印釋譜)를 비롯하여 삼층석탑과

동종(銅鐘) 등 수많은 문화재가 소장되어 있다.

 형님 내외분이 이곳을 자주 찾는 이유도 나름대로 불심이 있다 보니 먼저 수타사에 도착하여 예를 드리면서 마음을 정갈히 한 후에 주변 경관을 둘러보는 재미가 남다르기 때문이 아닌가 싶다. 그런 면에서 홍천군과 수타사가 협력하여 수도권에서 그리 멀지 않은 지역에 저탄소 녹색성장 현장을 자연 그대로 복원 조성해서 일반인들의 심신 치유 공간으로 활용하고 있는 것은 향후 지자체와 종교단체 등과의 협력 사업을 추진하는데 본보기가 될 수 있을 것 같았다.

 사찰 앞쪽으로는 진흙 속에서 피어나는 꽃으로 알려진 연이 서식하는 생태연못이 조성되어 있었다. 연꽃이 진 뒤라 연꽃은 볼 수 없었지만, 대신 연잎이 무성하게 앞다투어 군락을 이룬 모습이 장관이었고 연꽃과 연잎을 가까이서 잘 볼 수 있도록 중간중간에 데크 산책로와 여러 모양의 쉼터가 설치되어 있어서 이동하며 감상하기에 편했다. 우리 집에서도 연못을 만들어 연꽃을 재배하려다가 실패한 경험이 있는 데다가 그림을 그리고 있는 아내가 특히 인상주의 화가 모네가 생전에 정원과 연못에 많은 공을 들이면서 살았다는 점에 남다른 매력을 느껴왔던지라 아내와 나는 한참 동안 연못에 머무르면서 많은 생각을 했다.

생태연못에서 이어지는 곳이 바로 이른바 공작산 생태숲이다. 이곳은 주로 자생식물과 향토수종을 식재 복원하여 교육 체험을 목적으로 조성한 생태관광지이다. 그러다 보니 풍광과 한담을 즐길 수 있는 정자도 준비가 되어 있어 오는 손님들에게 손짓하고 있는 듯 보였다. 한마디로 이렇게 자유롭고 평화로운 분위기 속에서 숲속의 맑은 공기와 햇살 그리고 새소리와 온갖 꽃의 향기가 어우러진 향연을 즐길 수 있다니! 이제야 알게 된 것이 너무 아쉽게 느껴졌다.

특히 산소길은 공작산 능선을 따라 계곡을 옆에 두고 걷는 길로서 총 3.8km에 이르며 약 1시간 남짓 걸린다. 거의 평탄한 길을 따라 올라가다 보면 옛날 소의 여물통처럼 생긴 협곡이라 하여 지어진 궝소를 지나 양쪽 계곡을 가로지르는 출렁다리를 거쳐 다시 반대쪽 계곡을 타고 내려오면 명주실 한 타래를 풀어 넣어도 그 깊이를 알 수 없다는 용담을 만나게 되고, 이어 수타사로 곧바로 연결된 공작교 옆으로 내려오면 수타교로 다시 돌아오게 된다. 산소길을 걷는 내내 가을의 오색 단풍이 절정을 이룬 가운데 신선한 바람과 새소리 그리고 계곡을 따라 흐르는 청량한 물소리가 하나의 화음을 이루어 마치 베토벤의 전원 교향곡을 들으며 걷는 것 같은 느낌이 들었다. 이는 한적하고 평온한 분위기, 말할 수 없을 정도의 신선한 공기, 누구나 자유롭게 동반 동행할 수 있는 잘 정비된 산책로 등의 덕분이 아닌가 생각되었다.

 이번에 모처럼 아내와 함께한 산책을 통해 엄청난 힐링을 받을 수 있도록 동기를 부여하여 주신 형님 내외분에게 먼저 감사하다는 말씀을 드리고 싶다. 아울러 '차제에 이렇게 좋은 산책 코스를 보다 많은 이들이 즐길 수 있도록 할 수는 없을까'라는 생각에 미쳤다. 마침, 용문에서 홍천에 이르는 광역권 철도 연결을 위한 예비타당성 조사 결과 발표를 앞둔 시점인지라 그 결과에 관심이 쏠린다. 예비 타당성 조사 이후 조기 착공으로부터 완공에 이르기까지의 전 공정이 순풍에 돛 단 듯이 이루어져 내 나이 팔순 초입에 홍천까지 전철을 타고 온 서울의 지인들과 함께 공작산 생태숲을 걸으면서 주변의 경관을 감상하며 담소를 나누기를 소망하는 것은 나만의 바람일까?

# 빗물과 지표수

맑고 깨끗한 물의 확보가 지구촌 어디에서나 절실한 과제가 된 지 오래되었다. 우리나라의 경우, 연평균 강수량은 1,300mm로 세계 평균의 1.6배에 달하지만, 높은 인구밀도로 인해 1인당 강수 총량은 연간 2,546m$^3$로 세계 평균의 약 6분의 1에 불과하다.[6] 거기에다가 강수량 대부분이 증발하거나 바다로 유출되어 30퍼센트도 채 안 되는 양만 사용하는 실정이다. 이는 이 땅에 내린 빗물과 지표수의 사용률을 높일 수만 있다면 나름 물 부족 사태는 예방할 수 있다는 의미를 담고 있다.

시골에 내려와서 살면서 달라진 것이 있다면 자연에 대한 경외감과 더불어 감사함을 시시때때로 체감하면서 살고 있다는 점이

---

[6] 한국환경산업연구원, "우리나라는 물 부족 국가인가?"(2022. 1. 19)

다. 더구나 텃밭을 일구어 가면서 살다 보니 적당한 양의 햇볕과 빗물이 얼마나 소중한지를 새삼 깊이 깨닫게 되었다. 특히 우리 집은 골짜기에 있다 보니 일조량은 상대적으로 적지만, 집 뒤 양쪽으로 이어지는 골짜기에서는 연중 물이 끊기지 않고 샘물처럼 졸졸 흘러 내려오는 입지적인 조건을 갖고 있다. 그래서 나는 골짜기에서 내려오는 물을 어떻게 하면 그냥 흘려보내지 않고 여러 가지 용도로 활용할 수 있을지를 두고 고민을 거듭해 왔다.

여러 가지 검토와 시행착오를 겪은 끝에 기본적으로 골짜기 위쪽 상류에는 제일 큰 연못을 만들어 비단잉어 등을 키우고, 아래쪽 별채 근처에는 작은 연못을 만들어 금붕어를 키우기로 했다. 이런 상태에서 작은 연못의 물은 플라스틱 파이프를 지하에 매설하여 큰 연못에서 끌어다 쓰기로 했다. 그리고 이어지는 골짜기의 본류 물줄기에는 물웅덩이 두 군데를 만들어 놓고 이용하기 쉬운 곳에서 언제든지 농기구를 씻는 등의 허드렛일을 할 수 있도록 했다. 추가하여 큰 연못 하단에다가 집수정을 파놓고 텃밭까지 호수로 연결한 상태에서 고도차를 이용하여 텃밭에 물을 손쉽게 공급할 수 있는 시스템을 구축해 놓았다.

그리고 보니 불과 50m 내외의 작은 골짜기에서 내려오는 한줄기 물을 연못 2곳, 웅덩이 2곳, 그리고 텃밭에 물 주기 등 여러 가지 용도에 활용하고 있다는 점에서 지표수를 효율적으로 이용하는 모범사례를 몸소 실천하고 있다고 스스로 자부한다. 이렇게 골짜기에서 내려오는 지표수를 만약에 여러 가지 이유로 지하수로 대치해서 사용하고 있다면 엄청난 예산과 수량을 낭비하고 있다고 봐야 할 것이다.

빗물과 지표수를 최대한 활용해야 한다는 당위성은 최근 연구 결과에서도 입증되고 있다. 미국 버지니아공대 연구팀이 국제 학술지 『네이처 시티즈』에 발표한 자료에 의하면, 미국 28개 주요 도시 중 25개 도시에서 지반 침하가 진행 중이며 약 3,400만 명이 영향을 받고 있다는 것이다. 이와 같이 지반 침하와 싱크홀이 발생하는 근본 원인은 지하수 고갈과 땅속 빗물 침투 부족 현상 때문이다. 이는 우리나라에서 최근 여기저기에서 싱크홀이 발생하고 있다는 언론보도 내용과도 무관치 않다. 이것은 또한 지하수를 무분별하게 개발하여 남용하지 말라는 경고이기도 하다. 결국은 생활용수 부족을 빗물이나 지표수를 효율적으로 활용하는 데서 찾아야 한다는 당위성을 강조하는 뜻이기도 하다.

이를 위해서는 무엇보다도 물을 무의식적으로 또는 함부로 과소비하는 현상을 불식하는 등 국민 개개인의 물 관리에 대한 인식의 변화가 선행되어야 할 것이다. 이러한 인식의 변화가 곧 구체적인 행동으로 나타나는 선순환을 통하여 물 사용에 대한 잘못된 관습과 습관을 바로잡아나가야 할 것으로 보인다. 좀 더 구체적으로는 빗물과 지표수의 효율적인 활용 방법을 제도적으로 심도 있게 연구 검토하여 관련 용수 및 저수시설을 점진적으로 확충해 나가자는 의미를 담고 있다. 지금부터 범정부적인 노력과 국민의 적극적인 참여하에 우리나라 강수량의 활용률을 현재의 30% 수준에서 조금만 더 끌어올릴 수만 있다면, 우리나라를 물 부족과는 거리가 먼 '물 부족 현상 무풍지대'로 만들어 갈 수 있지 않을까?

# 장수 아들 결혼을 축하하며

장수를 저세상으로 떠나보내고 난 후에 일 년 남짓 지나서 장수 아들이 서울의 손꼽히는 호텔에서 결혼한다는 소식이 전해졌다. 너무 감회가 깊고 다시 장수가 그리워지려는데, 부인으로부터 아들 결혼식에 주례를 맡아달라는 부탁이 왔다. 주저함 없이 흔쾌히 승낙했다. 그동안 군대에서의 각급 지휘관과 사회 기관 단체장을 하다 보니 부하 또는 직원들의 결혼 주례를 여러 번 한 적은 있었지만, 평소 가까웠던 친지의 부탁은 처음이었다. 장수의 빈자리를 성실하게 채우기 위해서라도 장수가 살아있다면 아들과 며느리에게 무엇을 당부하고 싶어 했을까를 곰곰이 생각하면서 주례사를 준비했다. 따라서 아래 주례사는 아버지가 아들 부부에게 결혼생활을 평생 어떻게 하라는 가르침이기도 하다.

우리나라의 가을은 세계적으로도 유명합니다. 높고 파란 하늘에 황금빛 들판, 여기에 불타는 단풍까지 곁들여 온통 원색의 장관을 이루고 있어서 우리들의 마음을 더없이 풍요롭게 만들기 때문입니다.

이렇게 좋은 결실의 계절에 오늘 이 귀한 결혼식의 주례를 맡게 된 것을 매우 기쁘게 생각하면서 먼저 오늘의 결혼식을 축하해 주시기 위하여 왕림하여 주신 하객 여러분께 양가 혼주를 대신하여 감사의 말씀을 드립니다.

그리고 이 자랑스러운 한 쌍의 부부를 낳아서 길러주시고 가르쳐 주신 양가 부모님께도 축하의 인사를 드림과 동시에 무엇보다도 오늘 새로 출발하는 신랑 신부의 가정에 행복이 넘쳐나기를 기원합니다.

신랑 윤OO 군과 신부 원OO 양은 상당 기간 교제를 통하여 사랑의 싹을 키워온 커플로서 신랑의 경우에는 한국항공대학교를 졸업한 후에 우리나라 젊은이면 누구나가 선망하는 삼성전자 무선사업부에 입사하여 근무하고 있는 장래가 촉망되는 청년으로서 지금은 고인이 되신 신랑의 부친께서는 주례와는 둘도 없는 죽마고우이기도 하였습니다. 한편, 신부는 엄격하고 훌륭한 가정에서 밝게 성장한 가운데 충남대학교 경영학과를 졸업한 후 곧바로 신한은행에 입행하여 근무하고 있는 보기 드문 재원입니다.

이렇듯 훌륭한 한 쌍의 젊은이들이 많은 분들의 축복 속에서 새로운 가정을 이루고 백년해로하게 되었습니다. 일찍부터 동양에서는 "하늘이 배필을 정해준다"라고 하였듯이 이 두 사람의 혼인이 진실로 하늘이 맺어준 사랑이요, 끊을 수 없는 깊은 인연이 있어 오늘과 같은 결실을 보게 되었습니다. 이에 주례는 인생을 먼저 살아온 선배로서 새로운 인생을 시작하는 이들 부부에게 몇 가지 당부의 말씀을 드리고자 합니다.

첫째는 심장 즉 마음으로는 지금, 이 순간처럼 사랑하십시오.(쉽지요?) 사랑은 모든 것을 아낌없이 주는 것입니다. 사랑은 주고 또 주어도 끊임없이 솟아나는 무한한 에너지입니다. 이 무한한 에너지를 조건 없이 주십시오. 이렇게 하면 사랑이 충만한 가정이 될 것입니다.

둘째는 입으로는 좋은 말만 하십시오. 오늘 맺어진 사랑의 결실은 서로에 대한 믿음과 존경에서 싹텄습니다. 믿음과 존경에서 나오는 말은 아름다워야 합니다.
인간만이 갖고 있는 고상하고 아름다운 말로 소통하십시오. 자존심이나 수치심을 자극하지 마십시오. 이렇게 하면 정말 평화로운 가정이 될 것입니다.

셋째는 귀로는 서로의 이야기를 들어주십시오. 사랑과 존경의 처음 시작은 상대의 이야기에 귀를 기울여주는 것입니다. 학부모나 학생들을 상담해 보면 이야기를 들어주는 것만으로도 모든 문제가 해결되는 것을 종종 보았습니다.

이렇게 하면 따듯하고 화목한 가정을 이룰 것입니다.

넷째는 손과 발로는 서로 함께 나누십시오. 우리네 인생행로에서는 꽃 피고 새 우는 봄날이 있는가 하면, 비바람이 몰아치는 폭풍우를 만날 수도 있습니다. 필요할 때 손을 내밀어주고, 우울할 때 용기를 북돋아서 위로해 주며, 성공할 때 칭찬을 아끼지 않는 그런 부부가 되어 주십시오. 이렇게 하면 모든 일이 쉽게 풀릴 것입니다.

다섯째는 머리로는 부모에게 효를 다하십시오. 예로부터 효는 자식의 도리요, 백행의 근본이라고 했습니다. 뿌리 없는 나무가 없듯이 부모 없는 자식은 결코 있을 수 없습니다. 오늘의 축복을 부모님께 효로서 보답하십시오. 아울러 형제간의 우애를 돈독히 하고 친인척과 이웃과의 화목을 다져나가십시오. 이렇게 하면 우리 사회의 등불과도 같은 모범 가정이 될 것입니다.

끝으로, 오늘 이 결혼식에 참석하여 주신 가족, 친지, 하객 여러분들께도 한말씀드리고자 합니다. 오늘 이 시간 이후부터 신랑 신부와 관련해서는 오직 칭찬하는 말만 하시기를 바랍니다. 우리 옛말에 덜된 사람일수록 신랑 흉보고, 저 못난 것이 신부 흉보며, 반찬 하나 제대로 맛있게 만들지 못하는 여자일수록 남의 음식 탓한다고 했습니다. 그런즉슨 덜되고 못난 사람이 되지 않기 위해서라도 이들 부부가 행복한 가정을 꾸려 나갈 수 있도록 아낌없는 격려와 사랑만을 듬뿍 보내주시기를 부탁드립니다.

> 다시 한번 두 사람의 백년가약을 이 자리에 참석하신 모든 분과 함께 축하하며 이들 부부의 앞날에 사랑과 행복이 충만하기를 기원하면서 이만 주례사에 갈음하고자 합니다. 감사합니다!

  이들 부부는 가끔 장수가 묻힌 명당자리에서 만나기도 하고 때로는 아버지 친구들을 대접한다고 인근의 아름다운 식당에서 식사를 같이하면서 저간의 지나온 이야기를 들려주기도 하고 있다. 진즉 이란성쌍둥이를 낳아서 벌써 3학년이 되었는데, 특히 아들은 장수를 빼어 닮아서 잘 생겼을 뿐만 아니라 예의범절이 뛰어나 선생님으로부터 칭찬이 자자하단다. 내가 장수 부인에게 농담 삼아 "주례를 잘 세워서 복 받은 거죠?"라고 하자, 장수 부인 왈 "그러게 말이에요. 감사합니다!"

## ● 에필로그 : 내 고향 한터(漢垈) 이야기

　춘천에서 동북 방향 약 20㎞ 지점에 지금은 소양강댐 물속에 잠긴 춘성군 북산면 내평리라는 곳의 이야기다. 옛날 이곳에 눈은 화경(火鏡) 같고 키는 9척 장신에다가 준수하게 잘생긴 한 총각이 살았다. 성(姓)이 한(漢) 씨인 이 총각은 이름도 없이 홀아버지를 모시고 누이동생과 함께 머슴살이를 하며 살던 중, 늦가을 어느 날 갑자기 아버지가 세상을 떠나게 되자 일단은 가을에 새경을 받으면 좋은 묏자리를 골라 장사를 잘 지낼 요량으로 주인집 밭 옆에 임시로 가장(假葬)을 해놓았다.

　겨울이 가고 어느덧 봄철이 다가와 초목들이 푸릇푸릇 새싹이 트고 버들개지 꽃 필 무렵, 어느 대사(大師)가 한(漢) 총각이 머슴살이하는 집을 방문하여 하룻밤을 쉬어갈 것을 부탁하자 집주인이 집안 사정이 있다고 해 거절하였다. 이에 총각은 자기도 모르게 대사 앞에 나서며 "제가 쓰고 있는 방이라도 좋으시다면." 하고 하룻밤 묵어갈 것을 권유하자, 대사는 쾌히 승낙하여 총각과 같이 자게 되었다.

　그 이튿날 아침 총각은 소여물을 끓이려고 일찍 일어나 나오는데, 대사가 불러 이르기를 "달걀 두 개를 갖다 주게."라고 부탁했다. 이에 총각은 달걀 두 개를 가지고 오다가 끓는 소 여물통에 한 알을 떨어뜨

리게 되어 할 수 없이 삶아진 달걀 한 개와 날달걀 한 개를 갖다주었다. 대사는 달걀 두 개를 받자마자 주머니 속에 넣은 후 곧바로 집을 나서는지라 이를 이상히 여긴 총각이 대사를 뒤쫓아 가 보았다.

대사는 가리산 중턱에 이르러 무릎을 '탁' 치며 "바로 여기다."라고 소리치면서 발밑에 흙을 조금 파고 총각이 준 달걀 두 개를 묻었다. 그러자 닭 한 마리가 흙에서 나왔는데 대사가 말하기를 "한 마리는 왜 안 나오는고."라고 하면서 묻은 장소를 파보고는 삶은 달걀인 것을 확인하고, "그러면 그렇지, 하지만 곧 깨어날 것이다."라고 말하자, 잠시 후 그 달걀에서도 양 날개를 활짝 치고 '꼬끼오'하며 수탉 한 마리가 나왔다. 앞에 숨어서 이 광경을 지켜보던 총각이 달려들어 대사에게 자기 아비의 죽음과 묏(墓)자리가 없어 고심하던 내용을 말하고 그 자리를 자기 아비의 묏자리로 달라고 애원했다. 이에 대사는 말하기를 "이 자리는 아무나 묘를 쓰는 자리가 아닐세. 이 자리는 반드시 금관을 쓴 자만이 쓸 묏자리인 것을 자네가 어찌 쓸 수 있겠는가?"라고 말했다. 총각이 낙심천만하여 집에 돌아와 근심하는 것을 본 누이동생이 오라버니의 근심을 묻자, 총각은 묏자리에 대한 대사의 이야기를 들려주었다. 누이동생은 자초지종을 듣고 나서 "오라버님! 무엇이 그리 어려운가요."라며 노란 귀리 짚을 한 아름 가지고 와서 귀리 짚으로 관을 만들어 오빠에게 씌우니 얼른 보면 휘황찬란한 금관처럼 보이는지라. 이에 누이동생은 오라버니에게 빨리 대사가 가신 곳을 쫓아가 부탁하여 보라고 당부하였다. 총각이 귀리 짚 금관을 쓰고 대사를 쫓아가 "대사님, 저도 금관을 썼으니 그 묏자리를 저에게 주십시오."라고 부탁하자 "너의 지성이 거기에 이르렀으니 할 수 없군. 그 묏자리는 네가 쓰도록 하라."라고 승낙한 뒤 어디론가 가버리고 말았다.

그 후 총각은 그해 가을에 새경을 받아 나름대로 성대하게 아버지를 그곳에 모시고 두 오누이가 평온하게 살고 있었다. 그때 중국에서는 천자가 후계자 없이 붕어하였는데 천자가 유언으로 남긴 말씀이 "내 후계자는 짚으로 만든 북을 짚으로 만든 방망이로 쳐서 소리가 울리는 자만이 될 수 있다."라는 유언을 남겼다고 한다. 이에 신하들이 북과 방망이를 만들어놓고 대신들이 차례대로 쳐본 결과 소리가 나지 않았다. 이에 당황한 대신들은 온 나라에 널리 알려 덕이 있는 자는 북을 쳐보도록 하였다.

이 소식이 널리 퍼져 한(漢) 총각의 귀에까지 전해지자, 한(漢) 총각은 누이와 상의 끝에 북을 쳐보고자 먼 장도에 나섰다. 몇 달 몇 날을 고생 끝에 북이 있는 곳까지 거의 이르러 양지바른 잔디밭에 앉아 여독을 풀 겸 쉬었다. 그런데 몸이 몹시 근지러워 옷을 벗고 살펴보니 이가 많은지라 보리알만 한 이를 한 말은 됨직하게 잡아 죽이고, 다시 홀가분한 마음으로 길을 가다가 노승 한 분을 만나 북이 있는 곳을 물으니 노승이 말하기를 "총각도 북을 치러 가는 모양인데 그냥 돌아가는 것이 좋을 것이요. 그 북은 황소 3천 마리를 죽인 자가 쳐야만 소리가 울리는 것인데 보아하니 총각의 형편에 그리했다고는 생각되지 않기에 하는 말이요."라며 지나갔다.

총각이 이 말을 듣고 '천신만고 끝에 여기에 다다른 것이 허사로구나' 하고 돌아갈지 생각하다가 기왕에 온 것이니 한 번 쳐볼 것을 결심하고 북 앞에 이르렀으나 중의 말이 다시 생각나 도저히 쳐볼 용기가 나지 않아 되돌아섰다. 이 광경을 본 누이동생이 "오라버님, 왜 돌아서 계십니까? 옛말에 큰 이를 보고 그놈 황소 같다고 하지 않았습니까? 오라버님이 죽인 황소가 왜 3천 마리만 됩니까? 어서 쳐보십시오."라고 하는 누이동생의 말에 힘입어 짚으로 만든 방망이로, 짚으로 만든 북을 힘껏 두들겼다. 이 어찌 된 일인가. 여태껏 고관대작 등 내로라하는 사람들이 다 쳐봐도 울리지 않던 북을 총각이 치자, 온 나라 안에 쩌렁쩌렁하는 북소리가 울려 퍼지는 것이 아닌가? 그 후 대신들의 추대로 한(漢) 총각은 천자(天子) 자리에 오르게 되었고, 누이동생과 더불어 백성을 긍휼히 여기는 가운데 복된 정치를 하며 평화롭게 살았다고 한다.

후세 사람들은 이곳에 묘를 써 그 후손인 한(漢) 총각이 지령(地靈)을 입어 중국에 가서 천자가 되었다고 하였으며, 총각의 부친 묘는 '한총'이라 하였고, 총각이 살던 집을 '한터'라고 하였다. 한터는 1974년 소양강 다목적댐 건설로 수몰되었고 한총은 가리산 중턱에 아직 그대로 보존되어 마을 사람들이 금초(禁草)를 해주고 있다. 정성과 지성을 다하여 벌초를 한 자에게는 산삼 한 뿌리를 캘 수 있는 영험(靈驗)을 내리고, 가뭄 때 한총 앞 바위 위에 개(犬)의 피를 묻히면 금방 비가 와서 핏자국을 말끔히 씻어버린다고 하여 얼마 전까지만 해도 이곳에서 기우제(祈雨祭)를 지냈다. 또한 6·25 전쟁 중에 한총 부근에서는 한 사람의 희생자도 발생하지 않았다고 전해 내려오고 있다. 한총은 춘천시 북산면 물로리에 있다.

출처 : 춘천문화원, 『春州誌』(춘천 : 강원일보사, 1984), 1,324-1,327쪽.

문학세계대표작가선 1065

# 내 인생의 꼭짓점들을 읊다

정용섭 수필집

인쇄 1판 1쇄   2025년 11월  1일
발행 1판 1쇄   2025년 11월 10일

지 은 이 : 정용섭
펴 낸 이 : 김천우
펴 낸 곳 : 문학세계 출판부 / 도서출판 천우
등    록 : 1992. 2. 15. 제1-1307호
주    소 : 서울시 광진구 구의강변로 85 강우빌딩 7F
전    화 : 02)2298-7661
팩    스 : 02)2298-7665
http://cafe.naver.com/chunwu777
E-mail : cw7661@naver.com

ⓒ 정용섭, 2025.

값 12,500원

＊도서출판 천우와 저자의 서면 동의 없는 무단 전재 및 복제를 금합니다.
＊저자와의 협의에 따라 인지는 생략합니다.
＊이 도서는 홍천문화재단의 후원을 받아 발간되었습니다.

ISBN 978-89-7954-971-3